KB205352

믿음은 단단하게
행동은 품위있게

*Resolute Faith
and Honorable Behavior*

믿음은 단단하게
행동은 품위있게

첫판 1쇄	2023년 2월 10일

지은이	주학선
펴낸이	주학선
편집	김은옥
표지디자인	백예솔
본문디자인	한영애
펴낸곳	리터지하우스
출판등록	제2012-000006
주소	인천광역시 부평구 경인로 996

동수교회 대표전화	032-528-1882
동수교회 홈페이지	www.dongsoo.org
동수교회 유튜브	동수교회TV
동수교회 네이버밴드	행복한 동수마을
매일말씀묵상 유튜브	예배박사주학선TV

© 주학선 2023

ISBN	978-89-969743-6-9

Resolute Faith
and Honorable Behavior

주학선 지음

믿음은 단단하게
행동은 품위있게

야고보 사도의 빛과 소금의 말씀

리터지하우스

차례

들어가는 글

세상에 문제와 아픔이 없는 교회는 없습니다. 완벽한 교회는 존재하지 않습니다. 교회는 거룩한 자들이 모인 공동체가 아니라, 불의한 죄인들이 모여 십자가의 은혜와 사랑으로 거룩함을 형성해 가는 공동체이기 때문입니다. 야고보 사도는 교회가 직면하는 불미스럽고 힘든 일들을 앞에 놓고 기도했습니다. 야고보 사도는 특별한 기도의 삶을 살았기에 '늙은 낙타 무릎'이라는 별명을 얻었다는 이야기가 전해집니다. 무릎에서 나온 신약의 잠언이 야고보서에 고스란히 담겨 있습니다.

야고보서는 복음을 머리에서 가슴으로 품어 손과 발로 살아가는 '행동하는 믿음의 삶'으로 우리를 초대합니다. 교회와 성도는 모든 문제를 거룩한 지혜로 풀어가면서 성숙해 갑니다. 코로나19의 위기와 도전을 마주하면서 교회의 참모습을 회복하기 위해 씨름한 우리는 야고보서의 가치를 새롭게 발견했습니다. 야고보 사도께서 지금 이곳에서 우리의 속사람과 상황을 꿰뚫어 보는 것 같았습니다. 야고보서의 말씀으로 우리의 믿음은 단단해졌고, 야고보서의 지혜로 우리의 행동은 품위를 입었습니다.

　야고보서의 지혜가 우리의 삶 깊숙이 울려 퍼지기를 바랍니다. 그리스도를 닮은 성숙하고 품격 있는 성도로 거듭나기를 축복합니다.

"여러분은 인내력을 충분히 발휘하여, 조금도 부족함이 없이 완전하고 성숙한 사람이 되십시오."_야고보 사도

1장

우리, 이대로 괜찮은가?

하나님과 주 예수 그리스도의 종인 야고보가 세계에 흩어져 사는
열두 지파에게 문안을 드립니다(야고보서 1:1).

"우리, 이대로 괜찮은가?" 이 질문에 무슨 생각을 하셨
나요? '뭐가 괜찮다는 거야?'라고 생각하셨나요? 아니면
자신의 어떤 모습이 떠올랐나요? 각자의 상황과 상태에 따
라 다양한 생각을 했을 것입니다. 지금은 우리의 신앙생활
이 정말 이대로 괜찮은지 진지하게 묻고 대답해야 할 때입
니다.

코로나19의 위기를 지나 점차 회복되는 지금은 행동해
야 할 때입니다. 우리는 아무 변화 없이 이대로 있을 수 없

습니다. 우리는 이대로 만족할 수 없습니다. 이대로 포기하거나 절망할 수도 없습니다. 지금은 교회와 신앙의 본질 회복을 위해 씨름해야 할 때입니다. 지금은 행동으로 증명하는 신앙을 세우고 변화해야 할 절박한 때입니다. 교회가 믿음 없는 형식적 신앙에 얽매였던 시기에 마틴 루터는 야고보서를 '지푸라기 복음'이라고 불렀지만, 지금의 우리에게 야고보서는 '보석의 복음'으로 불릴 만한 책입니다. 이제 우리는 귀를 씻고, 마음을 열고, 순종의 태도로 말씀을 받아야 합니다. 야고보서를 통해 우리 믿음의 뿌리를 바로 잡고, 행동하는 신앙을 든든하게 세우는 말씀의 역사가 일어나기를 간절히 열망하며 온전히 순종해야 합니다.

'야고보서', 하면 무슨 생각이 납니까? 아마 가장 먼저 떠오르는 것이 '행함'일 것입니다. "행함이 없는 믿음은 죽은 믿음"이라는 유명한 말씀이 바로 야고보서에 나오기 때문입니다. 야고보서의 주된 주제는 '행동하는 신앙'입니다. 우리는 야고보서를 통해 믿음의 삶에 대해 진지하게 생각하고, 우리의 삶을 진정한 성도답게 리모델링하게 될 것입니다. 우리는 '믿음'을 많이 강조해 왔습니다. 믿음을 강조한 것은 잘한 것이고 당연합니다. 문제는 믿음을 강조한 만큼 행동을 강조하지 못한 것입니다. 믿음을 지나치게 내적이며 마음의 문제로만 이해했습니다. 이제는 믿음을 행동의 눈으로 새롭게 보아야 합니다. '행동하는 믿음'은 코로나 팬데믹을 지나면서 더욱 절실하고 중요한 주제가 되었습니다.

그동안 우리는 믿음과 행동을 별개로 여기며 살았습니다. 우리의 고백과 행동이 일치하지 않았습니다. 기도와 삶이 별개였습니다. 사랑을 말하면서 사랑하지 않았고, 정의를 말하면서 정의롭지 못했습니다. 겸손을 말하면서 교만하였고, 섬김을 말하면서 이기적이었습니다. 코로나 19의 위기 속에서 교회조차 자신을 지키기에 급급했고, 세상에 희망을 주고 치유하는 그리스도의 몸이 되지 못했습니다. 세상은 위선적인 교회를 외면했습니다. 그러나 동시에 세상은 예수 그리스도의 가르침을 따르며 고백과 행동이 일치하는 교회를 기대하고 있습니다.

야고보서의 저자

야고보서의 저자는 야고보 사도입니다. 1절에서 "하나님과 주 예수 그리스도의 종인 야고보"라고 자신을 소개합니다. 아주 분명하게 밝혀서 저자가 누구인지 바로 알 수 있습니다. 그러나 저자에 대해 쉽게 단정할 수 없습니다. 왜냐하면 성경에는 야고보라는 이름이 여럿 등장하기 때문입니다.[1] 그러면 어떤 야고보일까요?

예수님의 동생 야고보입니다. 마태복음이 이 사실을 잘 전해 줍니다(마 13:55-56). 마가복음 6장 3절에서도 예수님의 동생 야고보라고 합니다. 예수님의 동생인 야고보는

---

1) 세베대의 아들 야고보가 있습니다. 그는 예수님의 제자인 어부 야고보입니다(마 4:18-22). 마가복음에 의하면 세베대의 두 아들의 별명이 '우뢰의 아들들'입니다(막 3:17). 아마도 성격이 매우 거칠고 천둥 같았던 것 같습니다. 사도행전에는 헤롯왕이 요한의 형인 이 야고보를 죽였다고 기록합니다(행 12:1-2). 예수님의 제자 중에서 첫 번째로 순교한 제자가 세베대의 아들 야고보입니다. 학자들은 이때를 약 44년경이라고 보고 있습니다. 2) 알패오의 아들 야고보가 있습니다. 마태복음 10장 3절을 보면 알패오의 아들은 예수님께서 택하신 열두 제자 중 한 사람입니다. 이 야고보는 성경에 기록된 것이 없습니다. 마가복음 2장 14절에서는 알패오의 아들 레위라고 기록한 것을 보면 야고보는 레위라는 이름도 있었다는 것을 알 수 있습니다. 3) 누가복음 6장 16절에 또 다른 야고보가 나옵니다. 예수님의 열두 제자가 등장하는데 유다의 아버지 이름이 야고보라고 기록되어 있습니다. 예수님의 제자 중에 두 명의 유다가 있었고, 그중 한 사람은 예수님을 배반한 가룟 유다이고, 다른 한 사람은 야고보의 아들 유다입니다.

신앙이 아주 좋았을 것 같습니다. 그런데 요한복음 7장에 나오는 예수님의 동생들에 관한 기록을 보면 뜻밖의 모습에 깜짝 놀랍니다. "형제들까지도 예수를 믿지 아니함이러라"(요 7:5). 어느 날 예수님을 찾아온 동생들은 예수님이 세상에서 잘 나가고 유명해지려면 갈릴리 시골이 아니라 예루살렘 유대 땅에서 자신을 드러낼 것을 종용하였지, 예수님을 그리스도로 믿지는 않았습니다. 오히려 예수님의 사역에 걸림돌이 될 뿐이었습니다. 야고보서는 이런 야고보가 변화되었음을 보여 줍니다. 그렇지 않고는 이런 보물의 말씀을 기록할 수 없습니다.

사도행전에는 야고보에 관한 실마리가 있습니다. "예수의 어머니 마리아와 예수의 아우들과 더불어 마음을 같이하여 오로지 기도에 힘쓰더라"(행 1:14). 예수님의 동생들이 어머니와 함께 마음을 모아 열심히 기도하는 모습입니다. 야고보에게 무슨 일이 일어난 걸까요? 야고보가 거듭나서 새사람이 된 계기는 무엇일까요?

부활하신 예수님은 베드로와 열두 제자에게 나타나셨고(고전 15:5), 일시에 5백 명이 넘는 성도들에게 나타나셨으며(고전 15:6), 동생 야고보에게 나타나셨습니다(고전 15:7). 이 구절은 야고보의 변화를 이해할 수 있는 열쇠가 됩니다. 부활하신 예수님을 만난 것이 야고보에게 결정적인 변화의 계기가 되었습니다. 예수님의 사역을 방해하던 야고보는 예수님 부활의 증인으로 변화되었습니다. 야고보는 형인 예수님 때문에 세상적으로 힘들고, 고생한다고 생각했던 것 같습니다. 사람들은 메시아라고 예수님을 따르지만, 정작 예수님의 가족은 야고보가 맡아 돌보아야 했을지도 모릅니다. 그랬던 야고보가 자신을 '그리스도의 종'이라고 소개합니다. 예수님의 종이 되었다는 것입니다.

그리스도의 종이 된 야고보는 예루살렘 교회의 중요한 지도자가 되었습니다. 감옥에서 풀려난 베드로는 이 사실을 먼저 야고보에게 알리도록 했습니다(행 12:17). 예루살렘 교회의 사도 회의에서 야고보는 결정적으로 중요한 역할을 했습니다(행 15장). 바울은 베드로, 요한과 함께 야고보를 교회의 기둥이라고 했습니다(갈 2:9). 고린도전서에 의하면 야고보는 결혼했던 것 같습니다(고전 9:5). 그는 믿음의 아내와 함께 복음 사역에 헌신하다가 62년경에 순교

했다고 전해집니다. 예수님을 전하는 야고보를 바리새인들이 성전에서 내쫓고 몽둥이와 돌로 쳐서 죽였습니다. 야고보는 죽으면서 예수님처럼 "저들이 하는 것을 알지 못합니다. 저들을 용서해 주십시오"라고 기도했다고 합니다. 평생 기도하며 살았던 야고보의 무릎은 낙타 무릎 같았다고 합니다.

야고보처럼

야고보는 처음부터 훌륭한 사도가 아니었습니다. 불신자요 반대하던 사람이 신실한 성도로, 그리스도의 종, 거룩한 사도로 변화되고 신앙이 깊어졌습니다. 그 변화의 힘은 예수님 부활의 능력입니다. 부활하신 주님을 만남으로 그의 인생이 완전히 달라졌습니다. 그는 예루살렘이 가장 어려운 위기에 처해 있을 때 교회를 이끌어 간 기둥 같은 지도자였습니다. 기도의 사람이었고, 용서의 사람이었고, 능력의 사도였습니다. 그리고 그리스도를 위해 순교한 믿음의 사람입니다.

야고보서는 이런 야고보 사도가 성령님의 감동으로 기

록한 책입니다. 우리 모두 마음을 열고 야고보서를 통해 주시는 주님의 음성에 귀를 기울이기 바랍니다. 야고보를 닮아가는 은혜와 변화의 기쁨이 있기를 바랍니다. 우리, 이대로 괜찮지 않습니다. 우리도 거룩하게 변화해야 합니다. 우리도 성숙할 수 있습니다. 우리도 믿음을 지킬 수 있습니다. 우리도 기도할 수 있습니다. 야고보처럼 행동하는 신앙인으로 성장하고 새로워질 수 있습니다. 예수 믿더니 달라졌다는 말을 듣고, 야고보서를 읽고 듣더니 달라졌다는 말을 들어야 합니다.

생명의 씨앗

야고보가 이 글을 기록한 목적은 '세계에 흩어져 사는 열두 지파'(1절)를 위해서입니다. '열두 지파'는 이스라엘 백성을 말합니다. 즉 야고보는 이스라엘을 떠나 여러 나라에 흩어져 있는 유대인 그리스도인들에게 이 편지를 썼습니다. 야고보서에는 '형제자매'(새번역)라는 표현이 19번 정도 나옵니다. 이 말은 혈연적 형제자매라는 뜻도 있지만, '그리스도 안에서 형제자매'라는 의미입니다. 하나님은 "진리의 말씀으로 우리를 낳아 주셨다"(약 1:18)고 말씀하기 때문입니다. 그때나 지금이나 그리스도인은 진리의 말씀이신 예수 그리스도를 통해 거듭난 열매입니다. 우리도 그리스도 안에서 새롭게 태어난 형제자매입니다. 그러므로 야고보서는 예수님의 십자가의 보혈을 나눈 모든 형제자매에게, 곧 우리에게 주신 것입니다.

여기서 주목할 말은 '흩어져 사는'이라는 표현입니다. 이 표현은 그리스어로 '디아스포라'입니다. 팔레스타인 지역 밖으로 나가 흩어져서 사는 유대인을 가리켜서 흔히 '디아스포라'라고 부릅니다. '디아스포라'는 '파종' 혹은 '흩어진 씨앗'을 의미합니다.[2] 그렇다면 흩어져 사는 그리스도인들은 추방되고 쫓겨나고 흩어진 사람들이 아니라 흩어진 씨앗이며 생명입니다. 이 점이 중요합니다. 그리스도인은 어디를 가든, 어디에 있든 생명의 씨앗으로 그곳에 있습니다.

---

2) 디아스포라(diaspora)는 '~을 넘어'를 뜻하는 디아(dia)와 '흩어서 뿌리다, 씨를 뿌리다'를 뜻하는 스페로(spero)의 합성어입니다. 자의든 타의든 팔레스타인을 떠나 세계 각지에 흩어져 사는 유대인을 지칭하는 용어이지만, 요즘은 이주민, 난민, 이민자 등을 포함하는 넓은 의미로 사용됩니다.

사도행전은 생명의 씨앗이 이방으로 퍼져가는 초대 교회의 역사를 잘 보여 줍니다. 가만히 살펴보면 사도행전 8장에 나오는 스데반의 순교를 기점으로 많은 그리스도인이 여러 곳으로 흩어졌습니다. 야고보가 보기에 곳곳에 흩어져 있는 성도는 하나님이 뿌려 놓으신 씨앗이었습니다.

당시 그리스도인은 동족인 유대인들에게 배척받았습니다. 로마 제국의 통치 속에서 그들은 가난하고 소외되었고, 박해와 고통의 삶을 살았습니다. 그러나 그들은 생명의 복음을 지닌 씨앗이었습니다. 지금의 우리도 마찬가지입니다. 우리는 생명의 씨앗입니다. 우리 안에 그리스도의 생명이 살아 있다면 우리는 생명의 씨앗입니다. 그러므로 우리는 심어진 곳이 어디든 바로 그곳에서 생명의 싹을 틔우고, 복음의 열매를 맺어야 하는 그리스도인입니다. 절망하는 세상에 소망을 주고, 슬퍼하는 세상에 위로를 주며, 두려움과 전쟁이 가득한 곳에 평화를 전하며, 상처와 아픔이 있는 곳에 치유와 회복의 싹을 틔워야 합니다. 가정, 학교, 일터는 하나님이 우리를 보내신 사명의 자리입니다.

예수님은 말씀하셨습니다. "내가 진정으로 진정으로 너

희에게 말한다. 밀알 하나가 땅에 떨어져서 죽지 않으면 한 알 그대로 있고, 죽으면 열매를 많이 맺는다"(요 12:24). 이것이 성도의 삶입니다. 이것이 행동하는 믿음입니다. 씨앗은 죽음으로 생명을 이어가고 열매를 맺습니다. 성도의 삶은 한 알의 밀알로 돌아가신 예수님을 본받는 삶입니다. 야고보서는 죽고 낮아지고 작아져서 생명의 씨앗이 되고 생명의 열매를 맺는 삶으로 우리를 초대합니다. 당신은 생명의 씨앗입니다! 우리의 예배는 축도와 파송으로 끝나지만, 행동하는 믿음은 이제부터 시작입니다. 파송은 파종입니다. 생명의 씨앗이 되어 삶의 터전에서 믿음으로 사는 것이 예배의 진정한 열매입니다.

어떻게 살아야 할까?

우리는 많은 문제를 안고 있습니다. 코로나19 시대를 지나오며 세계 곳곳에서 위기와 문제가 일어나고 있습니다. 경기 침체, 전쟁과 갈등, 환경 파괴와 기후 변화, 세대 간의 상처와 갈등, 불평등, 빈부 격차 등 너무도 다양한 문제와 위기의 홍수가 몰아치고 있습니다. 더구나 교회는 이미지 악화와 사회적 영향력 감소 등 어려움 가운데 있습니다.

이런 상황과 역사 속에서 우리는 어떻게 살아야 할까요? 우리는 그리스도인으로서 어떻게 신앙의 본질을 지키고, 위기에 대처하며, 교회와 성도의 거룩함을 지켜 낼 수 있을까요? 우리는 어떻게 세상에 희망이 되고, 하나님께 영광이 되는 삶을 살 수 있을까요? 우리는 하나님을 기쁘시게, 사람을 복되게, 세상을 평화롭게 하는 사명을 어떻게 이루어 갈 수 있을까요?

위기는 하나님의 은혜 안에서 기회가 될 수 있습니다. 우리는 이 모든 상황과 고난을 변화와 성장과 성숙의 기회로 만들어 가야 합니다. 교회와 성도의 거룩함을 회복해야 할 은혜의 기회로 삼아야 합니다. 우리가 미성숙해서 생긴 일들이 너무나 많습니다. 우리가 바르게 살지 못해 생긴 문제가 너무나 많습니다. 지금은 우리가 개혁되고 새로워져서 바른길로 힘차게 나아가야 할 때입니다.

야고보서가 우리에게 그 길을 보여 줍니다. 야고보서는 우리가 놓친 것을 되찾고 회복할 수 있는 길로 우리를 안내합니다. 성령님은 야고보서를 통해 우리가 대면과 온라인으로 예배의 자리에 앉아 있는 것에 만족하지 않고, 일어나 세상을 향하여 풀타임 제자로 살아가도록 이끌어 줄 것입니다. 그리스도인의 생활 영성 분야에서 잘 알려진 스탠리 그렌츠 Stanley Grenz 목사님은 복음주의 교회의 가장 큰 약점은 "예수 믿고 구원받는 것은 강조했지만, 구원받은 사람의 삶이 어떠해야 하는지를 가르치지 않은 것"이라고 말했습니다.

이제 우리는 미숙함을 벗어나야 합니다. 하나님은 우리가 진정한 예수님의 제자로 성숙하고 성장하기를 원하십니다. 히브리서에 말합니다. "그러므로 우리는 그리스도교의 초보적인 교리를 뛰어 넘어 성숙한 경지로 나아갑시다" (히 6:1). 이것이 코로나19가 우리에게 던진 최대의 과제입니다. 야고보서를 통해 이 과제를 풀어갑시다. 답안지 없는 문제를 푸는 것처럼 불안하고, 혼돈하고, 끝이 보이지 않던 우리에게 하나님은 보물과 같은 야고보서를 주셨습니다.

우리, 괜찮지 않습니다. 지금 우리는 너무도 큰 위기와 도전에 직면해 있습니다. 바르게 보아야 합니다. 진정한 신앙 개혁이 일어나야 합니다. 바울 사도는 경고합니다. "사람들이 '평안하다, 안전하다' 하고 말할 그 때에, 아기를 밴 여인에게 해산의 진통이 오는 것과 같이, 갑자기 멸망이 그들에게 닥칠 것이니, 그것을 피하지 못할 것입니다. 여러분은 모두 빛의 자녀요, 낮의 자녀입니다. 우리는 밤이나 어둠에 속한 사람이 아닙니다. 그러므로 우리는 다른 사람들처럼 잠자지 말고, 깨어 있으며, 정신을 차립시다"(살전 5:3, 5-6). 지금은 정신 차려야 할 때입니다. 잠에서 깨어나야 할 때입니다. 행동할 때입니다. 하나님께서 우리를 깨우시고 세우시려고 주신 야고보서를 통해 변화와 성장과 거룩한 인생 혁명의 기회를 만들어야 합니다. 우리 모두 행동하는 믿음의 삶으로 승리하는 성도, 승리하는 교회로 세워져야 합니다.

2장

성숙으로의 초대

나의 형제자매 여러분, 여러 가지 시험에 빠질 때에, 그것을 더할 나위 없는 기쁨으로 생각하십시오. 여러분은 믿음의 시련이 인내를 낳는다는 것을 알고 있습니다. 여러분은 인내력을 충분히 발휘하여, 조금도 부족함이 없이 완전하고 성숙한 사람이 되십시오 (야고보서 1:2-4).

야고보서는 일상적인 편지가 아니라 사도의 권위로 보낸 하나님의 음성이 담긴 거룩한 말씀입니다. 야고보 사도는 1절에서 인사말을 통해 자신을 소개하고 문안한 후에 편지를 쓴 목적이 무엇인지 분명하게 밝힙니다. 그 핵심 구절이 1장 4절입니다. "조금도 부족함이 없이 완전하고 성숙한 사람이 되십시오." 야고보 사도가 간절히 권고하는 것은 다름 아닌 '성도의 성숙'입니다. 이것이 야고보서를 쓴 이유입니다. 만일 우리가 야고보 사도에게 "무엇이 성숙입니까?"라고 묻는다면, "행동하는 믿음이 성숙입니다"라고 할 것입니다. 야고보서에서 '행함'은 곧 성숙을 향한 성도의 삶을 의미하기 때문입니다.

우리는 자신이 성숙한 그리스도인이지 아닌지 생각할 때 빠지기 쉬운 함정이 있습니다. 첫째는 '비교하는 것'입니다. 성숙함은 비교로 판단할 수 있는 것이 아닙니다. 자신이 누구보다 더 열심이고, 더 많이 봉사하고, 더 배웠고, 더 많이 소유한 것이 성숙은 아닙니다. 물론 성숙함은 다양한 관계에서 드러나지만, 비교해서 판단할 수는 없습니다. 성숙함의 기준은 오직 하나님의 말씀입니다.

둘째는 '익숙함'입니다. 우리가 교회생활에 익숙해질수록, 성경 말씀에 익숙해질수록, 예배에 익숙해질수록 이것을 성숙으로 착각하기 쉽습니다. 신앙생활을 하면서 익숙해지는 것이 자연스럽지만, 익숙한 것을 조심하지 않으면 자신이 성숙한 줄로 착각하게 됩니다.

우리의 영적 성숙은 성품으로 나타납니다. 사람들이 우

리에 대해 평가하고 말하는 것은 평판입니다. 평판이 성품을 말할 수도 있지만 그렇지 않은 경우도 많이 있습니다. 우리는 성도로서 선한 평판을 받아야 합니다. 그러나 더욱 중요한 것은 하나님 앞에서 드러나는 자신의 진짜 모습인 성품입니다. 무디_{D. L. Moody}는 "성품은 아무도 지켜보지 않을 때 당신의 모습이다"라고 말했습니다. 사람이 아니라 하나님의 말씀이 성숙의 기준이 됩니다.

야고보서는 먼저 하나님 앞에 우리 자신을 비춰 보게 합니다. 하나님 앞에서 우리의 삶을 바르게 세우도록 안내합니다. 야고보서는 보석같이 귀한 '그리스도인의 성숙 교본'입니다. 야고보서는 행동하는 믿음을 강조해서 외적인 것을 다루는 것으로 생각할 수 있지만, 실제로는 삶과 관계된 성도의 내면과 됨됨이를 다듬어 갑니다. 열매 이전에 나무를 다룹니다.

야고보서는 다섯 장으로 구성되어 있습니다.[3] 우리는

---

3) 야고보서는 성경의 다른 책과 마찬가지로 원래 장과 절이 없는 한 통의 편지였습니다. 장과 절을 처음 구분한 것은 1551년에 출판된 스테파누스의 그리스어 신약 성서부터입니다.

'성도의 성숙'이라는 눈으로 각 장에서 중요한 핵심어를 살펴보려고 합니다. 성숙한 삶으로 초대하는 야고보서의 다섯 가지 권면의 말씀입니다.

시험을 대하는 태도

1장의 주제는 시험입니다. 성도는 시험을 통해 다듬어집니다. 1장 2-4절입니다. "나의 형제자매 여러분, 여러 가지 시험에 빠질 때에, 그것을 더할 나위 없는 기쁨으로 생각하십시오. 여러분은 믿음의 시련이 인내를 낳는다는 것을 알고 있습니다. 여러분은 인내력을 충분히 발휘하여, 조금도 부족함이 없이 완전하고 성숙한 사람이 되십시오." 이 구절에서 '시험'과 '시련'이라는 단어가 눈에 띕니다. 여기서 두 단어는 서로 교차적으로 사용됩니다. 또한 '생각하라'는 야고보서에서 처음 등장하는 주동사로 부드러운 명령입니다. 야고보서를 읽는 성도들의 마음을 두드리는 첫 번째 주제는 '시험에 대한 성도의 생각'입니다.

성도의 성숙함은 시험과 시련, 삶의 위기와 고난을 어떻게 대하고 반응하느냐로 드러납니다. 시험은 성도의 성숙함을 가늠하는 첫 번째 테스트입니다. 문제에 부딪히고, 역경이 몰아칠 때 우리는 어떤 태도를 드러냅니까? 우리는 지난 2년 반 동안 코로나 팬데믹의 시련을 지나면서 어떻게 반응하였고, 어떤 태도를 보였습니까? 성숙한 모습이었나요, 미성숙한 모습이었나요? 우리의 영적 지식이 작동했나요? 어떤 마음으로 어떤 행동을 했나요?

야고보 사도는 역경을 "기쁨으로 생각하십시오"라고 말합니다. 역경과 시험을 대하는 생각과 마음이 중요하기 때문입니다. 역경 중에 불평하고, 원망하고, 비관하고, 분노하고, 공격적인 태도를 보인다면 성숙하다고 말하기 어렵습니다.

성숙한 성도는 역경을 만날 때 '기쁘게 여기는' 긍정의 태도를 보입니다. 시련을 긍정적으로 보면서 은혜의 기회로 생각합니다. 감사의 마음을 잃지 않습니다. 그 이유는 '믿음의 시련이 인내를 낳는다'(2절)는 것을 알기 때문입니다. 시련이 인내력을 키워 준다는 뜻입니다. 성도는 인내로 다듬어집니다. 성숙은 쉬운 길이 아닙니다. 하나님은 시련을 통해 우리를 다듬어 가십니다. 시련은 우리가 성숙한 성도로 다듬어지는 최선의 길입니다. 야고보 사도는 이렇게 말합니다. "시험을 견디어 내는 사람은 복이 있습니다. 그 사람은 그의 참됨이 입증되어서, 생명의 면류관을 받을 것이기 때문입니다"(약 1:12). 시험은 인내를 통해 성도를 성숙하게 하고, 마침내 생명의 면류관을 얻게 하는 은혜의 기회입니다.

고난과 위기의 때 우리가 할 일은 자신의 영적 성숙을 열망하며, 성급하게 시련을 벗어나려고 하지 말고, 시련을 충분히 참고 견디는 것입니다. 결단하고 주님을 의지하면 성령님은 우리를 도우십니다. 긍정적이고 밝은 믿음의 생각을 지키십시오. 주님의 말씀을 더욱 의지하십시오. 주님께서 말씀하셨습니다. "너희는 세상에서 환난을 당할 것이다. 그러나 용기를 내어라. 내가 세상을 이겼다"(요 16:33).

사랑의 법을 따름

야고보서 2장은 성경 최고의 법인 사랑의 법을 말합니다. 성숙한 성도는 사랑의 법을 따릅니다. "여러분이 성경을 따라 '네 이웃을 네 몸같이 사랑하라'는 으뜸가는 법을 지키면, 잘하는 일입니다"(약 2:8). 야고보 사도는 이 구절

앞뒤에서 이웃 사랑의 삶과 관계된 내용을 말합니다. 사람을 차별대우하지 말라고 합니다. 사람을 차별하는 것은 죄라고 합니다. 다른 사람을 업신여기거나 경제적 손해를 끼치지 말라고 합니다. 살인하지 말라고 합니다. 미성숙한 사람은 자기 눈으로 남을 판단하기 때문에 이런 행동을 한다는 것입니다. 그러나 성숙한 성도는 하나님이 주신 고귀한 사랑의 법을 따릅니다.

우리는 성숙할수록 자기중심에서 다른 사람 중심으로 바뀝니다. 사람이 자기중심적으로 살면 편파적이며, 다른 사람을 경멸하고, 외모로 판단하고, 모욕하고, 심지어 이용합니다. 다듬어지고 성숙해 가는 성도의 모습은 사랑의 법을 따르는 것입니다. 성숙한 성도는 모든 사람을 그리스도의 사랑의 마음으로 대합니다. 다른 사람의 영적 · 정신적 · 정서적 · 물질적 필요가 무엇인지를 알고 도와줍니다.

바울 사도는 고린도전서 13장에서 다양한 은사를 말한 후에 결론으로 '사랑'을 말합니다. 사람이 아무리 유명하고, 멋진 집을 소유하고, 많이 배웠고, 건강하고, 외모가 뛰어나고, 심지어 영적 열정이 있고, 많은 사람을 구제해도, 그것이 진실하고 참된 사랑에서 비롯되지 않으면 울리는 꽹과리와 시끄러운 징 소리에 불과하다고 합니다.

마태복음 25장을 보면, 예수님은 주님 앞에서 우리의 인생을 계산하고 심판받을 때, 심판의 기준은 자신이 이룬 업적이 아니라 '사랑의 삶'이라고 말씀합니다. 그때 주님은 이렇게 물을 것입니다.

"너는 내가 굶주렸을 때 먹을 것을 주었느냐? 내가 목말랐을 때 마실 것을 주었느냐? 내가 나그네 되었을 때 영접해 주었느냐? 내가 헐벗었을 때 입을 것을 주었느냐? 내가 병들고 감옥에 있을 때 나를 찾아 주었느냐?"(마 25:35-39)

이것이 성숙함의 두 번째 척도입니다. 주님은 선언합니다. "너희가 여기 내 형제자매 가운데, 지극히 보잘것없는 사람 하나에게 한 것이 곧 내게 한 것이다"(마 25:40). 이기적이고 자기중심적인 한계를 깨뜨리고 행동으로 사랑하는 성숙한 성도가 되어야 합니다.

덕을 세우는 말

야고보서 3장은 빼놓을 수 없는 중요한 주제를 말합니

다. "우리는 모두 실수를 많이 저지릅니다. 누구든지 말에 실수가 없는 사람은 온몸을 다스릴 수 있는 온전한 사람입니다"(약 3:2). 세 번째 주제는 바로 우리의 언어생활입니다. 병원에 가면 의사는 우리의 건강 상태를 점검하기 위해 청진기를 사용하고, 입속을 봅니다. 하나님께서 우리의 영적 건강 상태를 점검하실 때도 입을 벌리라고 하십니다. 그리고 우리의 혀를 확인하십니다. 서양 속담에 "입술을 잃으면 배를 잃는다 Loose lips, sink ships"라는 말이 있습니다. 사람이 입술을 제대로 사용하지 못하면 인생의 배가 깨진다는 뜻입니다.

우리가 겪는 많은 문제는 대부분 아무 생각 없이 화가 난 상태로, 감정에 휩쓸려서 확인하지도 않고 하는 말 때문입니다. 혀가 중요합니다. "혀는 불이요, 혀는 불의의 세계입니다. 혀는 우리 몸의 한 지체이지만, 온몸을 더럽히며, 인생의 수레바퀴에 불을 지르고, 결국에는 혀도 게헨나의 불에 타버립니다"(약 3:6). 야고보 사도는 야고보서 3장에서 혀를 가리켜 배의 키, 말의 재갈, 작은 불, 샘에 비유합니다.

말의 입에 작은 재갈을 물리면 그 작은 재갈이 말이 달리는 방향을 조절합니다. 배의 작은 키는 커다란 배의 방향을 결정합니다. 이처럼 우리의 혀는 비록 작은 지체이지만, 우리 인생의 방향을 결정할 만큼 중요합니다. 자신의 말이 복된 인생이 되게 할 수도 있고, 인생을 파멸시킬 수도 있습니다. 하나님은 불평하는 이스라엘 백성에게 이렇게 말씀하셨습니다. "너희가 나의 귀에 들리도록 말한 그대로, 내가 반드시 너희에게 하겠다"(민 14:28). 우리의 혀에는 놀라운 힘이 있습니다. 혀가 인생을 결정합니다. 내가 하는 말이 나를 만듭니다. 하나님은 우리의 말을 다 듣고 계십니다.

"누가 스스로 경건하다고 생각하면서도 혀를 제어하지 않고 자기 마음을 속이면, 이 사람의 경건은 헛된 것입니다"(약 1:26). 사도 바울도 말합니다. "무릇 나쁜 말은 입 밖에 내지 말고, 덕을 세우는 데에 필요한 말이 있으면 적절한 때에 해서, 듣는 사람에게 은혜를 끼치게 하십시오"(엡 4:29). 어떤 나쁜 말도 하지 말라는 것입니다. 성도는 항상 말에 주의해야 합니다. 덕을 세우는 것이 아니면 어떤 말도 하지 말라는 것이 성경의 가르침입니다. 이것이 성숙한 성도의 모습입니다. 자신의 혀를 다스리지 않으면 우리의 경건은 미숙한 수준에 머물 것입니다. 성도의 성숙은 언어가 말해 줍니다. 오직 사랑으로 진실하게 말해야 합니다. 항상 덕을 세우는 말을 해야 합니다. 야고보서는 우리를 거룩한 언어의 삶으로 초청합니다.

평화의 도구

4장의 핵심 주제는 '평화의 도구'입니다. 인간관계 속에서 나타나는 갈등과 분쟁에 관해 말합니다. "무엇 때문에 여러분 가운데 싸움이나 분쟁이 일어납니까? 그것은 여러분의 지체들 안에서 싸우고 있는 육신의 욕심에서 생기는 것이 아닙니까?"(약 4:1) 잠언에는 이런 구절이 있습니다. "교만에서는 다툼만 일어날 뿐이다"(잠 13:10). 분쟁과 갈등의 원인은 '육신의 욕심'입니다. 분쟁과 갈등은 우리가 욕심을 버리지 못하기 때문에 생겨납니다. 우리가 욕심과 이기심과 교만한 마음으로 행동한다면 분쟁과 다툼은 피할 수 없습니다.

우리는 어떤 사람입니까? 늘 자신이 옳고 남은 틀렸습니까? 자기주장과 욕심으로 갈등과 다툼이 자주 일어납니까? 논쟁을 좋아합니까? 성숙한 성도는 평화의 사도입니다. 성숙한 성도는 언제나 평화의 도구가 되어야 합니다.

갈등과 분쟁의 또 다른 원인은 남을 판단하는 것입니다. "서로 비방하지 마십시오. 서로를 비방하고 서로를 심판하는 사람은 율법을 비방하고 율법을 심판하는 것입니다"(약 4:11). 서로 비방하고 심판하면 분쟁만 일어날 뿐입니다. 오직 하나님만이 모든 사실을 아시고, 마음의 깊은 동기까지 아시기 때문에 남을 판단하기를 멈추어야 합니다.

우리는 언제나 평화의 도구가 되기를 힘써야 합니다. 어디를 가든 우리가 있으므로 화해하고, 화평하고, 화목하는 기쁜 일이 일어나야 할 것입니다. 다툼이 멈추고, 전쟁이 그치고, 오직 평화가 넘치는 세상을 만드는 성숙한 성도가 되어야 합니다.

인내와 기도

5장에서 우리의 마음을 끄는 구절들입니다.

"형제자매 여러분, 주님께서 오실 때까지 참고 견디십시오"(7절). "참고 견딘 사람은 복되다고 생각합니다"(11절).

"의인이 간절히 비는 기도는 큰 효력을 냅니다"(16절).

'참으십시오'와 '기도'에 밑줄을 그으십시오. 야고보서 5장 전반부에는 '참으라'가 5번, 후반부에는 '기도'가 7번 나옵니다. 성숙한 성도의 아주 중요한 모습은 '참으며 기도하는 것'입니다. 인내와 기도입니다. 이 두 가지는 함께 작용할 때 큰 역사가 일어납니다. 인내와 기도는 모두 하나님을 향한 성도의 참모습을 드러냅니다.

야고보는 인내를 말하면서 농부를 예로 들어 설명합니다. "형제자매 여러분, 주님께서 오실 때까지 참고 견디십시오. 보십시오, 농부는 이른 비와 늦은 비가 땅에 내리기까지 오래 참으며, 땅의 귀한 소출을 기다립니다"(약 5:7).

농부는 하루아침에 열매를 거두려 하지 않습니다. 열매가 맺히기까지 소망을 가지고 열심히 일합니다. 우리의 기도생활도 마찬가지입니다. 우리는 하나님께서 응답해 주심을 믿고 인내로 기도해야 합니다. 인내는 하나님을 신뢰함으로 기다리는 것입니다. 우리를 아시는 하나님께 모든 것을 다 맡기고 끝까지 신뢰하는 것이 성도의 인내입니다.

인내를 배우고, 인내로 기도하는 우리가 되어야 합니

다. 우리가 인내하며 기도해야 할 일들이 가득합니다. 어떤 상황에서도 당황하지 말고, 낙심하지 말고, 두려워하지 말고 인내하며 기도함으로 하나님이 역사하시고 응답하시는 놀라운 은혜와 열매를 거두는 성숙한 성도가 되어야 합니다. 야고보서를 통해 주시는 성숙한 성도의 다섯 가지 모습을 살펴보았습니다. 이 기준으로 볼 때 자신의 됨됨이는 어떻습니까?

우리는 시련이 올 때 어떻게 반응합니까?

우리는 항상 사랑의 법을 따릅니까?

우리는 항상 덕을 세우는 말을 합니까?

우리는 어디에서나 평화의 도구입니까?

우리는 끝까지 인내하며 기도합니까?

이제는 미숙한 수준을 벗어나야 하지 않겠습니까? 그리스도의 몸인 우리가 성숙한 교회로 깊어져야 하지 않겠습니까? 우리 다 함께 성숙의 시간으로 들어갑시다. 행동하는 믿음으로 성숙을 향한 거룩한 순례의 길을 걷는 행복한 성도가 됩시다.

3장

시련을 만나면

나의 형제자매 여러분, 여러 가지 시험에 빠질 때에, 그것을 더할 나위 없는 기쁨으로 생각하십시오. 여러분은 믿음의 시련이 인내를 낳는다는 것을 알고 있습니다. 여러분은 인내력을 충분히 발휘하여, 조금도 부족함이 없이 완전하고 성숙한 사람이 되십시오. 여러분 가운데 누구든지 지혜가 부족하거든, 모든 사람에게 아낌없이 주시고 나무라지 않으시는 하나님께 구하십시오. 그리하면 받을 것입니다. 조금도 의심하지 말고, 믿고 구해야 합니다. 의심하는 사람은 마치 바람에 밀려서 출렁이는 바다 물결과 같습니다. 그런 사람은 주님께로부터 아무것도 받을 생각을 하지 마십시오. 그는 두 마음을 품은 사람이요, 그의 모든 행동에는 안정이 없습니다. 비천한 신도는 자기가 높아지게 된 것을 자랑하십시오. 부자는 자기가 낮아지게 된 것을 자랑하십시오. 부자는 풀의 꽃과 같이 사라질 것이기 때문입니다. 해가 떠서 뜨거운 열을 뿜으면, 풀은 마르고 꽃은 떨어져서, 그 아름다운 모습은 사라집니다. 이와 같이, 부자도 자기 일에 골몰하는 동안에 시들어 버립니다. 시험을 견디어 내는 사람은 복이 있습니다. 그 사람은 그의 참됨이 입증되어서, 생명의 면류관을 받을 것이기 때문입니다. 그것은 하나님을 사랑하는 사람들에게 약속된 것입니다(야고보서 1:2-12).

그리스도인의 성숙 교과서인 야고보서가 말하는 첫 주제는 '시험'입니다. '시험'이라는 주제로 야고보서를 시작한 것은 생명의 씨앗으로 세상에 흩어져 사는 그리스도인들에게 '시험'은 가장 큰 도전이기 때문입니다. '시험들 페이라스모이스'이라는 단어에는 역경과 유혹이라는 두 가지 뜻이 있습니다. 야고보서 1장 2-12절에서는 '역경'의 의미로 사용됩니다. (반면에 13절 이하에서는 유혹이라는 의미로 사용됩니다.) 3절에서는 '시련 도키모이온'이라는 다른 단어를 사용해서 야고보서의 첫 주제는 역경 혹은 시련임을 잘 보여 줍니다.

2절은 이같이 시작됩니다. "나의 형제자매 여러분, 여러 가지 시험에 빠질 때에." 야고보 사도는 성도가 시련 만나는 것을 당연하다고 합니다. 동역자인 베드로 사도도 이렇게 말합니다. "사랑하는 여러분, 여러분을 시험하려고 시련의 불길이 여러분 가운데 일어나더라도, 무슨 이상한 일이나 생긴 것처럼 놀라지 마십시오"(벧전 4:12). 시련은 믿음으로 살려는 성도에게 자연스럽고 당연한 일이라는 말입니다. 그러므로 시련이 찾아올 때 놀라지 말고, '마땅히 올 것이 왔구나'라고 생각하라는 것입니다. 시련 없이 믿음의 삶에 승리한 성도는 없습니다. 시련 없이 믿음이 성숙한 성도도 없습니다. 그러면 여러 가지 시련을 만날 때 우리는 어떻게 해야 할까요?

생각하라

야고보 사도의 첫 번째 권고는 '생각하라'입니다. 시련을 만나면 "그것을 더할 나위 없는 기쁨으로 생각하십시오"(약 1:2)라고 합니다. 뜻밖입니다. 시련 만나는 것을 기뻐할 사람이 없기 때문입니다. 세상 모든 사람은 시련을 피하고 싶어 합니다. 어떤 사람들은 시련을 피하려고 부적을 지니고 다니기도 합니다. 믿음이 좋아도 시련을 좋아할 사람은 없습니다. 문제와 역경 없이 평안하기를 원합니다. 그런데 야고보 사도는 "기쁨으로 생각하라"고 합니다. 시련을 만났을 때 마음과 태도를 바꾸라는 것입니다. 시련을 부정적으로 보지 말고 오히려 기쁘게 맞이하라는 것입니다.

예수님을 믿고 따를지라도 우리의 신앙이 시련을 막아 주거나 없애 주지 않습니다. 믿음은 시련을 막아 주는 부적이 아닙니다. 오히려 예수님을 믿기 때문에 더 많은 시련이 생깁니다. 성도가 시련을 만나는 것은 당연합니다. 시련 없는 것이 오히려 이상한 것입니다. 중요한 것은 시련을 만날 때 드러나는 우리의 태도입니다. 신앙인과 비신앙인, 성숙한 신앙인과 미성숙한 신앙인의 다른 점은 시련을 맞이하는 마음과 태도입니다. 역경의 때에 우리는 어떤 태도를 보여야 할까요? 믿음의 태도, 곧 시련을 '기쁨으로 생각하는' 태도입니다. '생각한다 헤게사스세'에는 원래 주도권을 쥔다는 뜻이 있습니다. 그러므로 "기쁨으로 생각하라"는 시련이 올 때 우리의 마음을 기쁨이 주도하게 하라는 뜻입니다. 신실한 성도는 시험이 올 때 피하지 않습니다. 두려워하지 않습니다. 염려하지 않습니다. 오히려 시험을 기쁨이 주도하는 믿음으로 맞이합니다. 베드로 사도도 말합니다. "그러므로 지금 잠시 동안 여러분이 여러 가지 시련을 겪으면서 어쩔 수 없이 슬픔에 빠져 있더라도 기뻐하십시오"(벧전 1:6).

성도가 시련을 기쁨으로 생각해야 하고, 그렇게 할 수 있는 이유가 있습니다. "시험을 견디어 내는 사람은 복이 있습니다. 그 사람은 그의 참됨이 입증되어서, 생명의 면류관을 받을 것이기 때문입니다. 그것은 하나님을 사랑하는 사람들에게 약속된 것입니다"(약 1:12). 시련을 견디어 내고, 시험을 통과함으로 성도의 참됨이 입증됩니다. 하나님이 인정하시는 믿음의 사람이 된다는 뜻입니다. 하나님이 인정하시면 하나님이 약속하신 상을 받습니다. 그 상은 '생명의 면류관'입니다. 선한 싸움을 싸워 이긴 성도에게는 '의의 면류관'(딤후 4:7)을 주시고, 사명을 감당한 이에게는 '영광의 면류관'(벧전 5:3)을 주시는 하나님은 시련을 참고, 환난을 이긴 성도에게는 '생명의 면류관'을 주십니다(계 2:10 참고). '생명의 면류관'은 '생명 그 자체'라는 뜻입니다.

시련을 통과하고 견딤으로 우리는 참 생명을 얻게 됩니다. 그래서 우리는 시련을 기쁘게 여길 수 있습니다.

시련과 시험을 통과하지 않고는 우리의 믿음은 성숙할 수 없습니다. 시련과 고난을 겪으면서 우리는 거룩한 성도로 성장합니다. 바울과 바나바는 "우리가 하나님 나라에 들어가려면, 반드시 많은 환난을 겪어야 합니다"(행 14:22)라고 말합니다. 우리는 역경과 고난을 통해 다듬어지고 주님을 닮은 모습으로 성숙해 갑니다. 우리가 겪는 모든 시련에는 하나님의 거룩하신 뜻이 숨어 있습니다. 우리에게는 이 믿음이 필요합니다. 그러므로 시련이 올 때 두려워하지 마십시오. 담대하게 맞이하십시오. 기쁘게 생각하십시오. 성숙의 기회로 삼으십시오. 주께서 말씀하십니다. "너희는 세상에서 환난을 당할 것이다. 그러나 용기를 내어라. 내가 세상을 이겼다"(요 16:33).

알아야 한다

시련이 올 때 신앙적으로 긍정적으로 생각할 뿐만 아니라, 알아야 할 것이 있습니다. 바로 시련이 어떻게 우리를 성숙한 성도로 다듬어 가는지 입니다. "여러분은 믿음의 시련이 인내를 낳는다는 것을 알고 있습니다"(약 1:3). 시련이 올 때 무엇을 알아야 합니까? 믿음의 시련은 반드시 인내를 가져온다는 것을 알아야 합니다. 하나님은 시련을 통해 더 좋은 성도가 되도록 인도합니다. 성경을 보면 시련을 기뻐하다 못해 자랑한 사람이 있습니다. 바울 사도입니다. 바울 사도는 말합니다. "우리는 환난을 자랑합니다. 우리가 알기로, 환난은 인내력을 낳고, 인내력은 단련된 인격을 낳고, 단련된 인격은 희망을 낳는 줄을 알고 있기 때문입니다"(롬 5:3-4). 그러면 바울 사도는 어떻게 환난을 자랑할 수 있었을까요? 알고 있기 때문입니다. 무엇을 알고 있었을까요? '환난은 인내력을 낳고, 인내력은 단련된 인격을 낳고, 단련된 인격은 희망을 낳는 줄'을 알았습니다. 야고보 사도와 바울 사도는 약속이라도 한 듯이 시련이 인내력을 낳는다고 똑같은 말을 합니다. 이처럼 시련에 대한 바른 지식과 큰 그림을 가지고 시련을 기쁘게 대하라고 합니다.

시련이 주는 많은 유익 중에서 최선의 유익은 '인내를

가져오는 것' 혹은 '인내력을 낳는 것'입니다. 인내력은 참고 견디는 힘입니다. 성경은 '하나님은 오래 참으시는 분'이라고 합니다(시 103:8, 렘 15:15, 롬 3:25 등). 물론 하나님의 참으심은 시련이나 환난을 참으시는 것이 아니라, 하나님을 배반하고 떠난 죄인에 대해 참으시는 사랑의 참으심입니다. 참고 인내하는 것은 하나님 사랑의 성품입니다. 그래서 바울 사도는 사랑은 오래 참는 것이라고 했습니다. 뿐만 아니라 인내는 성령님이 주시는 열매(갈 5:22)입니다.

시련이 인내력을 키우는 은혜의 기회가 된다는 것을 알면, 우리는 시련을 적극적이고 긍정적인 마음으로 마주할 수 있습니다. 시련이 인내로, 인내가 인격으로 이어지는 과정을 아는 것이 중요합니다. 그러므로 인내는 단지 가만히 꾹 참고만 있는 수동적인 행동이 아닙니다. 인내는 인내의 열매가 무엇인지 알고, 확신과 소망으로 시련에 맞서면서, 시련으로 무너지지 않도록 자신을 지켜 내는 적극적인 믿음의 실천입니다. 인내는 행동하는 믿음입니다.

발휘하라

야고보 사도는 인내력을 충분히 발휘하라고 합니다. "여러분은 인내력을 충분히 발휘하여, 조금도 부족함이 없이 완전하고 성숙한 사람이 되십시오"(약 1:4). 인내력을 발휘하는 것은 선택 사항이 아니라 거룩한 명령입니다. 우리는 시련을 만날 때 반드시 인내력을 충분히 발휘해야 합니다. 야고보 사도가 편지를 썼을 때, 시련을 만난 성도 중에는 끝까지 인내하지 못해 중도에 포기하고 믿음을 떠난 사람들이 있었습니다. 처음에는 시련을 맞서려고 했지만, 결국 믿음을 포기하고 세상을 사랑하는 쉬운 길을 택한 사람들이 있었습니다.

그러므로 인내력을 충분히 발휘하라고 합니다. 인내는 끝까지 견뎌야 진정한 인내입니다. "시험을 견디어 내는 사람은 복이 있습니다"(약 1:12). 인내력을 충분히 발휘한다는 것은 인내가 완전히 성취된다는 뜻입니다. 인내를 온전히 이룬다(개역개정)는 뜻입니다. 끝까지 견디지 못하는 것은 인내를 이루지 못한 것입니다.

시련 중에 인내력을 충분히 발휘하면 어떻게 됩니까?

"조금도 부족함이 없이 완전하고 성숙한 사람"(약 1:4)이 됩니다. 완전하고 성숙한 사람이 된다는 것은 예수님을 온전히 닮은 성도가 된다는 뜻입니다. 예수님을 닮는 것은 모든 성도의 목표입니다. 누구든지 예수님을 구세주로 믿으면 구원을 받아 성도가 됩니다. 이것은 끝이 아니라 구원의 완성을 향한 출발입니다.

바울 사도는 말합니다. "사랑하는 여러분 더욱 더 순종하여서, 두렵고 떨리는 마음으로 자기의 구원을 이루어 나가십시오"(빌 2:12). 자기의 구원을 이루라고 합니다. 성도의 삶은 구원을 이루어 가는 성화의 삶입니다. 우리가 우리의 삶과 일상을 성화의 과정으로 보는 눈이 매우 중요합니다. 그리고 성화의 과정에서 온갖 시련을 만난다는 것을 알 때, 어떻게 해야 할지를 배울 수 있습니다.

정리하면, 우리가 예수님을 따르는 삶에는 시련이 찾아옵니다. 시련이 올 때 시련을 기쁨으로 생각하는 믿음의 태도가 중요합니다. 또한 시련은 우리에게 인내력을 발휘할 기회임을 알아야 합니다. 인내력을 충분히 발휘할 때 하나님의 거룩한 뜻을 이루며 부족함 없이 완전하고 성숙한 성도로 성장합니다.

우리는 자신의 의지와 힘만으로는 인내를 온전히 이루어 갈 수 없음을 알아야 합니다. 구원을 이루라고 한 바울은 이어서 말합니다. "하나님은 여러분 안에서 활동하셔서, 여러분으로 하여금 하나님을 기쁘게 해 드릴 것을 염원하게 하시고 실천하게 하시는 분입니다"(빌 2:13). 그렇습니다. 하나님이 우리 안에서 일하고 계십니다. 우리가 인내를 온전히 이루어 가려면 우리 안에서 활동하시는 하나님을 의지해야 합니다. 인내하지 못하고 믿음의 길을 떠난 사람은 결심이 약해서가 아닙니다. 단지 믿음이 약해서가 아닙니다. 도우시고 일하시는 하나님을 의지하지 않았기 때문입니다. 자신의 힘과 노력만으로 하나님의 뜻을 이루고 온전히 성숙한 성도는 한 사람도 없습니다. 하나님은 우리에게 능력을 주시며 우리 안에 거하십니다. 하나님은 인내를 통해 우리가 온전하고 성숙한 자녀로 자라도록 활동하십니다.

요셉은 어린 나이에 형들의 미움을 받아 먼 이집트로 팔려갔습니다. 그는 예기치 않은 시련과 위기 중에도 하나님을 의지했습니다. 자신의 기대와 계획이 어그러질 때마다 하나님의 시간표를 신뢰하며 끝까지 인내했습니다. 자신과 함께하시며 일하시는 하나님을 의지했습니다. 요셉이 인내력을 충분히 발휘했을 때, 하나님은 그를 이집트의 통치자로 세우셔서 이스라엘을 향한 위대한 계획을 이루어 가셨습니다. 우리 끝까지 인내합시다. 인내력을 충분히 발휘합시다. 우리 모두 인내력을 충분히 발휘하여 성숙해 가는 복의 세대가 됩시다.

구하라

어떻게 하나님을 의지하고 하나님의 도우심을 받을 수 있을까요? "여러분 가운데 누구든지 지혜가 부족하거든, 모든 사람에게 아낌없이 주시고 나무라지 않으시는 하나님께 구하십시오. 그리하면 받을 것입니다"(약 1:5). 그렇습니다. 구하는 것입니다. 하나님께 기도하는 것입니다. "시련을 만나면 기도하라!" 이것이 야고보 사도의 명령입니다. 시련을 만날 때 우리는 염려하거나 두려워하거나 어떻게 벗어날지 자신의 방법을 찾기 쉽습니다. 하지만 우리의 힘과 방법으로는 시련을 이길 수 없습니다. 우리 안에 계신 하나님을 온전히 의지하고 믿음으로 구하는 것이 시련을 이기는 가장 좋은 방법입니다.

그러면 무엇을 구해야 할까요? 시련을 없애 달라고 구하는 것이 아닙니다. 시련을 물리쳐 달라고 구하는 것도 아닙니다. 시험을 이기고 통과하여 성숙할 지혜를 구해야 합니다. 시련이 몰아쳐 오는 삶의 자리에서 어떻게 반응하고, 어떻게 생각하고, 어떻게 행동할지에 대한 거룩한 지혜를 구해야 합니다. 하나님의 지혜를 얻는 최선의 길은 기도입니다. 시련과 위기 앞에서 우리의 지식도, 경험도, 능력도 모두 무용지물입니다. 우리에게는 하나님의 지혜가 필요합니다.

그뿐만 아니라 평소에 거룩한 지혜를 쌓아야 합니다. 그것은 기도와 함께 하나님의 말씀을 읽고 묵상하는 것입니다. 거룩한 지혜의 원천이 말씀이기 때문입니다. 일상의 말씀 생활이 비상의 힘이 됩니다. 말씀 생활은 갑자기 할 수 없습니다. 말씀에 투자하는 시간과 기도와 노력과 헌신이 쌓일 때 풍요로운 지혜의 수로 水路가 열립니다.

우리는 코로나19가 시작되었을 때 매일 말씀 묵상 운동을 시작했습니다. 이제 겨우 2년 반의 시간이 쌓였지만 그 짧은 시간을 통해 얼마나 놀라운 말씀의 지혜를 얻었습니까? 그리고 그 말씀의 능력으로 코로나19의 시련과 위기를 이겨내지 않았습니까? 지금부터 시작해도 늦지 않습니다. 말씀을 읽고 묵상하고 암송하고 공부하는 데 인생을 투자해야 합니다. 그러면 시련을 믿음의 눈으로 볼 수 있고, 하나님의 계획을 신뢰하며, 넉넉히 이겨내는 지혜를 얻을 수 있습니다.

시련 중에 기도할 때 가져야 할 확신이 있습니다. '하나님은 우리가 구할 때 아낌없이 주시고 나무라지 않으시는 사랑과 은혜의 아버지이시다'라는 확신입니다. '나무라지 않으신다'는 말은 잘못을 찾지 않으신다는 뜻입니다. 하나님은 우리가 기도할 때 우리의 잘못을 찾아내어 꾸짖는 분이 아닙니다. 하나님은 우리의 기도를 귀찮아하지 않습니다. 오히려 기도하는 우리를 기뻐하십니다. 하나님은 우리의 기도를 들으시고 응답하시며, 깨우쳐 주시는 은혜의 아버지입니다.

그러므로 우리는 "조금도 의심하지 말고 믿고 구해야 합니다"(약 1:6). 의심하는 마음은 고정되지 않고 흔들리는 바다 물결과 같습니다. 의심하는 것은 마음이 둘로 나뉜 것입니다. 세상 생각과 거룩한 생각, 자기 욕심과 하나님의 뜻, 자기 방식과 하나님의 말씀 사이에서 흔들리며 마음이 고정되지 않은 것입니다. 믿음 없이 기도하는 사람을 향해 야고보 사도 단호하게 선언합니다. "주님께로부터 아무것도 받을 생각을 하지 마십시오"(7절).

시련이 오면 우리의 인생이 흔들리기도 합니다. 하루아침에 쌓은 재물이 사라질 수도 있습니다. 자랑하고 뽐내던 것들도 사라집니다. 인생은 너무도 연약하게 스러지고 무너집니다. 야고보 사도는 말합니다.

"비천한 신도는 자기가 높아지게 된 것을 자랑하십시오. 부자는 자기가 낮아지게 된 것을 자랑하십시오. 부자는 풀의 꽃과 같이 사라질 것이기 때문입니다. 해가 떠서 뜨거운 열을 뿜으면, 풀은 마르고 꽃은 떨어져서, 그 아름다운 모습은 사라집니다. 이와 같이, 부자도 자기 일에 골몰하는 동안에 시들어 버립니다"(약 1:9-11).

모든 시련과 고난 속에서도 믿음으로 인내하며 견뎌낸 성도는 복됩니다. 그는 생명의 면류관을 받을 것이기 때문입니다. "시험을 견디어 내는 사람은 복이 있습니다. 그 사람은 그의 참됨이 입증되어서, 생명의 면류관을 받을 것이기 때문입니다. 그것은 하나님을 사랑하는 사람들에게 약속된 것입니다"(약 1:12).

시련을 기쁘게 여기고 그 속에 담긴 하나님의 뜻을 확신하십시오. 인내력을 충분히 발휘하십시오. 믿음으로 하나님께 구하십시오. 그래서 우리 모두 생명의 면류관을 얻는 복된 성도, 승리의 성도가 됩시다.

4장

유혹을 당할 때

시험을 당할 때에, 아무도 "내가 하나님께 시험을 당하고 있다" 하고 말하지 마십시오. 하나님께서는 악에게 시험을 받지도 않으시고, 또 시험하지도 않으십니다. 사람이 시험을 당하는 것은 각각 자기의 욕심에 이끌려서, 꾐에 빠지기 때문입니다. 욕심이 잉태하면 죄를 낳고, 죄가 자라면 죽음을 낳습니다. 나의 사랑하는 형제자매 여러분, 속지 마십시오. 온갖 좋은 선물과 모든 완전한 은사는 위에서, 곧 빛들을 지으신 아버지께로부터 내려옵니다. 아버지께는 이러저러한 변함이나 회전하는 그림자가 없으십니다. 그는 뜻을 정하셔서 진리의 말씀으로 우리를 낳아주셨습니다. 그리하여 그는 우리를 피조물 가운데 첫 열매가 되게 하셨습니다(야고보서 1:13-18).

시험에 관한 야고보 사도의 권면이 계속됩니다. 그만큼 시험은 믿음의 길을 걷는 성도가 피할 수 없는 주제입니다. 시험이 얼마나 힘든 것인지 19세기 영국의 유명한 작가 오스카 와일드는 "나는 시험 말고는 어떤 것도 이겨낼 수 있다"라고 말했습니다. 시험을 이길 수 있다면, 우리는 승리하는 삶을 살 수 있습니다. 시험페이라스모스에는 크게 두 가지 뜻이 있습니다. 하나는 시련과 역경이고, 다른 하나는 유혹입니다. 시련을 만날 때 어떻게 해야 할지를 말한 야고보 사도는, 이어서 유혹을 당할 때 어떻게 해야 하는지 말합니다. 우리는 다가오는 삶의 유혹을 어떻게 해야 할까요?

누구나 유혹을 받는다

시련과 마찬가지로 유혹도 누구에게나 찾아옵니다. 야고보 사도는 "유혹을 당할 때에"(13절, 공동번역)라고 말합니다. 유혹은 언제나 어디에나 있습니다. 그러므로 자신이 유혹당할 수 있는 존재라는 사실을 아는 것이 중요합니다. 누구나 유혹을 받습니다. 유혹은 믿음이 좋은 사람이라고 해서 피해 가지 않습니다. 나는 나이 예순이 넘으면 웬만한 유혹은 없을 줄 알았습니다. 공자는 《논어》의 〈위정편〉에서 나이 사십은 세상일에 미혹되지 않는 불혹不惑, 오십은 하늘의 뜻을 아는 지천명知天命, 육십은 듣는 대로 이해하는 이순耳順이라고 했지만, 나이들수록 더 많은 유혹을 받는 것 같습니다. 유혹은 나이의 문제도 장소의 문제도 아닙니다. 인천에서 유혹이 없는 곳이 딱 한 군데 있습니다. 바로 인천가족공원입니다. 얼마 전에도 가보았는데 그곳에 계신 이들은 모두 유혹 없이 평안히 잘들 있습니다. 우리는 죽음의 문턱을 넘는 순간까지 유혹을 벗어날 수 없습니다.

유혹받는 것 자체가 죄는 아닙니다. 만약 유혹당하는 것이 죄라면 "유혹을 당하지 마십시오"라고 했을 것입니다. 자신이 의도적으로 유혹을 받으려고 하지 않는 한, 유혹받는 것은 죄가 아닙니다. 예수님도 사탄의 유혹을 받으셨고, 바울도 유혹을 받았습니다. 유혹당하는 것이 죄가 아니라, 유혹에 무너지는 것이 죄입니다. 예수님은 유혹을 받으셨지만, 죄를 범하지는 않았습니다. "그는 모든 점에서 우리와 마찬가지로 시험(유혹)을 받으셨지만 죄는 범하지 않으셨습니다"(히 4:15). 우리와 똑같은 육체를 가지신 예수님은 우리와 똑같이 유혹을 받으셨습니다. 그러나 예수님은 한 번도 유혹에 빠지지 않았습니다.

그러므로 유혹이 올 때 놀라지 마십시오. 부끄러워하지 마십시오. 두려워하지 마십시오. 유혹에 빠지지 않으면 됩니다. 우리는 유혹을 당해도 무너지지 않도록 항상 대비해야 합니다. 유혹에 대한 야고보 사도의 말을 우리의 마음에 새겨야 합니다.

핑계 대지 않기

야고보 사도는 유혹당할 때 아무도 "하나님께서 나를 유혹하신다는 말을 해서는 안 됩니다"(약 1:13, 공동번역)라고 말합니다. 왜냐하면 하나님께서는 "악의 유혹을 받으실 분도 아니시지만, 악을 행하도록 사람을 유혹하실 분이 아니시기"(약 1:13, 공동번역) 때문입니다. 하나님은 우리를 유혹하지 않습니다. 유혹은 잘못된 길로 이끌어 무너뜨리기 위한 것입니다. 하나님은 우리를 사랑하시고 우리에게 복을 주시는 좋은 아버지입니다. 유혹은 모두 사탄의 짓입니다. 사탄은 성도를 무너뜨리려고 온갖 유혹으로 다가옵니다.

그러므로 유혹이 올 때 우리는 어떤 핑계도 댈 수 없습니다. "사탄이 나를 유혹해서 어쩔 수 없었어요"라고 해서는 안 됩니다. 건강하고 신실한 성도는 유혹받을 때 누구도 무엇도 탓하지 않습니다. 유혹을 물리치고 이기는 것은 모두 자기 책임입니다. 성숙한 성도는 탓하고 핑계하기보다는 적극적으로 책임 있게 유혹을 물리칩니다. 자신의 책임임을 알기 때문입니다.

사탄의 책략 알기

바울 사도가 "(우리는) 사탄에게 속아 넘어가는 일이 없을 것입니다. 우리는 사탄의 책략을 다 알고 있지 않습니까?"(고후 2:11, 공동번역)라고 말했듯이, 우리는 유혹을 이기기 위해 사탄의 책략임을 알고 대비해야 합니다. 사탄은 수천 년이 넘도록 유혹에 관하여 똑같은 책략을 사용하고 있습니다. 그러므로 야고보 사도의 말은 오늘날 우리에게 유효하고 중요합니다. 유혹은 일련의 과정을 통해서 나타나는데 야고보 사도는 이 과정을 잘 알려 줍니다.

욕심

"사람이 시험(유혹)을 당하는 것은 각각 자기의 욕심에 이끌려서 꾐에 빠지기 때문입니다"(약 1:14). 야고보 사도는 유혹은 욕심을 통해 다가온다고 말합니다. 욕심은 사람의 내면에서 일어납니다. 우리는 욕구와 욕심을 구별해야 합니다. 욕구는 하나님이 주신 것으로 우리가 살아가는 데 없어서는 안 될 삶의 추진력입니다. 건강한 삶을 위해서 우리에게는 식욕, 수면욕, 성취욕, 인정의 욕구 등이 필요합니다. 이런 욕구는 매우 선한 것입니다. 하나님이 주신 선물입니다. 이런 욕구가 없다면 삶 자체가 불가능합니다.

그런데 우리에게 주신 선한 욕구가 통제되지 않고, 하나님이 주신 길을 벗어날 때 욕심(욕망)이 됩니다. 욕심은 탐하는 마음에서 나옵니다. 탐하는 마음이 한계를 벗어나 지나치면 탐욕이 됩니다. 하나님이 주신 선한 욕구가 인간의 타락한 본성으로 인해 욕망과 탐욕이 됩니다. 야고보 사도는 이 욕구와 욕심을 통해 사탄이 다가온다고 말합니다. 우리가 유혹에 빠지는 것은 자신의 욕심에 이끌리기 때문입니다. 예수님이 광야에서 사탄의 유혹을 받으셨을 때, 사탄은 40일간 금식하신 예수님의 식욕을 통해 다가왔습니다.

생각해 보면 유혹은 우리의 내면에서부터 시작됩니다. 물론 외적인 환경에서 오는 것도 있지만 궁극적으로는 내면의 욕망이 유혹을 받아 넘어지게 됩니다. 식욕이 지나쳐서 식탐이 되고, 성취욕이 지나쳐서 일중독이 되고, 인정 욕구가 지나쳐서 명예욕이 되고, 소유 욕구가 지나쳐서 재물욕에 빠지고, 힘의 욕구가 지나쳐서 권력욕에 빠질 때 사탄이 그 욕망의 틈을 타고 들어옵니다. 이것이 사탄이 사용하는 전략입니다.

미혹

야고보 사도는 유혹에 빠지는 것은 "자기 욕심에 이끌려서 꾐에 빠지기 때문입니다"(14절)라고 말합니다. '이끌려서'는 '사냥꾼이 쳐 놓은 덫에 걸리다'라는 뜻입니다. 또한 '꾐에 빠지다'는 '미혹'(개역개정)으로도 번역되는데, '낚시꾼이 던진 미끼에 걸리다'라는 뜻입니다. 그러므로 유혹에 빠지는 것은 마치 사탄이 쳐 놓은 덫에 걸리고, 사탄이 던진 미끼를 무는 것과 같다는 의미입니다.

사탄은 우리를 무너뜨리기 위해 미혹합니다. 덫을 놓고 미끼를 사용합니다. 사탄은 우리의 욕심과 약점을 너무도 잘 압니다. 우리의 욕구와 욕망을 건드리는 미끼를 교묘하게 던집니다. 미끼 속에는 감추어진 바늘이 있는데도 우리의 욕심이 그 미끼를 덥석 물도록 합니다. 이렇게 유혹은 우리의 욕심에서 시작되고, 사탄은 욕심을 자극하는 미끼를 통해 미혹합니다.

불순종

욕심에서 시작되어 사탄의 미끼에 걸려 넘질 때 구체적인 행동으로 나타나는데, 이것은 불순종의 행동인 죄로 이어집니다. "욕심이 잉태하면 죄를 낳습니다"(약 1:15). 우리의 내면에서 일어난 욕심이 사탄의 미혹에 넘어갈 때 불순종의 죄를 낳게 됩니다. 사탄은 바로 이것을 노립니다. 사탄은 한 영혼이라도 하나님께 불순종하게 만들려고 합니다. 처음에는 아무것도 아닌 것 같던 욕심이 사탄의 유혹에 걸려 불순종함으로 죄를 짓고 하나님을 떠나게 합니다.

사망

마침내 사탄이 바라던 일이 이루어집니다. "죄가 자라면 죽음을 낳습니다"(약 1:15). 사탄이 유혹으로 다가와 우리에게 일어나게 하는 최악의 결과는 사망입니다. 마음의 작은 욕심이 사망에 이르는 엄청난 결과를 가져오는 것이 사탄의 유혹의 실체입니다. 물론 우리는 언제든 사탄의 실체를 깨닫고 회개하여 돌이킬 수 있습니다. 그러나 자칫 불순종의 계곡에서 빠져나오지 못할 수 있기 때문에 사망에 이르는 길에 이르지 않도록 정신을 바짝 차려야 합니다.

우리가 시련(시험)을 이길 때 생명의 면류관을 얻듯이, 유혹(시험)을 이길 때도 생명의 면류관을 얻습니다. 유혹에 넘어가고 돌이키지 못한다면 생명의 면류관을 잃고 사망에 이르게 됩니다. 이렇듯 유혹 앞에서 우리의 길은 두 갈

래입니다. 생명 혹은 사망입니다. 유혹을 이기면 생명이고, 유혹에 넘어가면 사망입니다. 사탄의 이런 계략을 잘 알고 있는 야고보 사도는 분명하게 말합니다. "나의 형제자매 여러분 속지 마십시오"(약 1:16). 우리는 사탄의 계략에 속아 넘어가지 않도록 주의해야 합니다.

하나님께 초점 맞추기

사탄의 전략을 파악한 우리는 이제 사탄의 공격을 무력하게 만들고 유혹을 이겨낼 길을 선택해야 합니다. 야고보 사도는 말합니다. "온갖 좋은 선물과 모든 완전한 은사는 위에서, 곧 빛들을 지으신 아버지께로부터 내려옵니다. 아버지께는 이러저러한 변함이나 회전하는 그림자가 없으십니다"(약 1:17). 언뜻 보면 이 구절은 유혹에 관한 지금까지의 말씀과 특별한 관련이 없어 보입니다. 유혹에 관해 말하다가 갑자기 "빛들을 지으시고 좋은 선물과 완전한 은사를 주시는 하나님의 선하심"을 말합니다. 하지만 바로 이것이 유혹을 물리치는 핵심입니다. 야고보 사도의 말은 우리가 유혹을 당할 때, 선하신 하나님께 초점을 맞추라는 것입니다. 예수님은 유혹받을 때 하나님의 말씀으로 물리치셨습니다.

유혹의 시작은 우리 내면의 욕심입니다. 욕심이 유혹을 품지 않도록 우리의 내면에 있는 부정적이고 그릇된 욕심과 생각을 선한 방향으로 돌려야 합니다. 그러기 위해서 초점을 하나님께 맞추어야 합니다. 우리는 유혹에 빠지지 않도록 거룩하고 선하신 하나님을 바라봄으로 우리 내면의 생각과 관심과 욕구를 바르게 세워야 합니다.

유혹을 당할 때 생각과 마음의 초점을 하나님께 맞추십시오. 선하신 하나님을 향하고 의지하십시오. 이와 함께 우리는 유혹이 오는 상황을 떠나고 유혹받는 장소와 사람을 피해야 합니다. 요셉은 시련을 이겨냈을 뿐만 아니라, 유혹도 이겼습니다. 그는 유혹이 다가오는 자리를 피했고, 그곳에서 도망쳤습니다(창 39장). 요셉은 항상 마음과 생각을 하나님께 두었으며, 하나님을 바라고 의지함으로 하나님의 뜻을 이루는 복된 인생이 되었습니다.

자신을 지키기

하나님을 바라보고, 하나님의 은혜와 도우심을 힘입을 때 내가 누구인지 기억하며 자신의 정체성을 지킬 수 있습니다. 유혹에 넘어가면 정체성이 무너지지만, 하나님을 바라보면 자신의 참모습을 지킬 수 있습니다. 우리는 누구입니까? 야고보 사도는 말합니다. "그는 뜻을 정하셔서 진리의 말씀으로 우리를 낳아주셨습니다"(약 1:18). 하나님은 우리를 진리의 말씀으로 낳아주셨습니다. 우리는 하나님의 자녀입니다.

우리가 하나님의 자녀라는 정체성을 지키며 아버지를 의지함으로 유혹을 물리칠 수 있습니다. 예수님은 사탄의 유혹을 물리치심으로 하나님의 아들이심을 확증하셨습니다(마 4장). 유혹을 받으셨으나 이기신 주님은 우리의 약함을 아시고 우리를 도우십니다. 우리는 주님의 능력을 힘입고, 주님이 주시는 지혜로 유혹과 맞설 수 있습니다.

하나님이 주신 욕구가 욕심이 되지 않도록 자신을 살피고 주님께 나아가십시오. 미끼를 물지 않도록 경계하고 주의하십시오. 넘어지기 쉬운 영역은 어디입니까? 자신의 아킬레스건은 무엇입니까? 사탄이 미끼를 던지는 취약 지대를 하나님께로 가지고 나가십시오. 선하신 아버지 하나님께서 우리를 보호하시고 인도하십니다.

또한 유혹에 넘어가지 않기 위해서는 다른 성도들과 정기적으로 지속해서 믿음의 교제를 나누어야 합니다. 자신의 문제를 나눌 수 있고, 함께 기도할 수 있는 친구를 만나고, 서로 기도하는 성도가 되어야 합니다. 영적 싸움은 혼자 할 수 없습니다. 유혹은 혼자 이길 수 없습니다. 혼자 있으면 유혹은 커지지만, 함께하면 멀어집니다. 말씀과 기도로 자신의 마음을 가득 채우십시오. 예수님이 말씀으로 사탄을 물리치셨듯이, 진리의 검인 말씀이 유혹에 빠지지 않도록 지켜 줄 것입니다.

우리가 대비하고 준비하면 사탄의 계략을 간파하고 유혹을 물리칠 수 있습니다. 성경은 이렇게 준비된 마음을 가리켜 '깨어 있는' 마음이라고 합니다. "정신을 차리고, 깨어 있으십시오. 여러분의 원수 악마가, 우는 사자 같이 삼킬 자를 찾아 두루 다닙니다"(벧전 5:8). 사탄은 우리를 유혹하여 넘어뜨리려고 삼킬 자를 찾아 두루 다니고 있습니다. 예수님은 말씀하셨습니다. "너희는 유혹에 빠지지 않도록, 깨어서 기도하여라"(막 14:38). 유혹에 넘어가지 않으려면 깨어서 기도해야 합니다. 대비해야 합니다. 방심하면 안 됩니다. 대비하지 않으면 유혹에 넘어가기 쉽습니다. 유혹은 예고 없이 방심할 때 은밀하게 다가옵니다. 그러므로 바울 사도는 말합니다. "그러므로 서 있다고 생각하는 사람은 넘어지지 않도록 조심하십시오"(고전 10:12).

우리는 항상 유혹에 둘러싸여 있습니다. 유혹에서 자신을 지키며, 거룩한 성도로 성숙해 가는 복된 성도가 되어야 합니다. 우리는 하나님의 자녀입니다. 하나님께 초점을 맞추고 모든 상황에서 오직 주님을 의지하고 신뢰함으로 유혹을 이기는 성도, 생명의 면류관을 받는 복된 성도가 되어야 합니다.

5장

행복幸福은 행복行福

사랑하는 형제자매 여러분, 여러분은 이것을 알아두십시오. 누구든지 듣기는 빨리 하고, 말하기는 더디 하고, 노하기도 더디 하십시오. 노하는 사람은 하나님의 의를 이루지 못하기 때문입니다. 그러므로 더러움과 넘치는 악을 모두 버리고, 온유한 마음으로 여러분 속에 심어주신 말씀을 받아들여야 합니다. 그 말씀에는 여러분의 영혼을 구원할 능력이 있습니다. 말씀을 행하는 사람이 되십시오. 그저 듣기만 하여 자신을 속이는 사람이 되지 마십시오. 말씀을 듣고도 행하지 않는 사람은 있는 그대로의 자기 얼굴을 거울 속으로 들여다보기만 하는 사람과 같습니다. 이런 사람은 자기의 모습을 보고 떠나가서 그것이 어떠한지를 곧 잊어버리는 사람입니다. 그러나 완전한 율법 곧 자유를 주는 율법을 잘 살피고 끊임없이 그대로 사는 사람은, 율법을 듣고서 잊어버리는 사람이 아니라, 그것을 실행하는 사람인 것입니다. 이런 사람은 그가 행한 일에 복을 받을 것입니다. 누가 스스로 경건하다고 생각하면서도, 혀를 다스리지 않고 자기 마음을 속이면, 이 사람의 신앙은 헛된 것입니다. 하나님 아버지께서 보시기에 깨끗하고 흠이 없는 경건은, 고난을 겪고 있는 고아들과 과부들을 돌보아주며, 자기를 지켜서 세속에 물들지 않게 하는 것입니다(야고보서 1:19-27).

성경은 세계 최고의 베스트셀러입니다. 성경만큼 많이 팔리고, 보급되고, 세계에서 다양한 언어로 번역된 책은 없습니다. 웬만한 가정에는 성경이 있습니다. 제 서재에도 다양한 번역의 성경이 스무 권 가까이 있습니다. 이제는 성경 앱 하나면 다양한 번역본을 마음대로 읽을 수 있습니다. 어디 그뿐입니까? 마음만 먹으면 언제 어디서나 설교를 들을 수도 있습니다. 우리는 훌륭한 목회자들의 은혜로운 설교의 홍수 속에 살아갑니다. 이렇게 성경과 말씀이 넘쳐나는 시대에 우리는 예전보다 더 행복합니까? 우리는 더욱 성숙했습니까? 우리는 예수님을 잘 닮아가고 있습니까? 말씀의 은혜와 능력이 우리 삶에 풍성합니까? 야고보 사도는 말씀이 역사하고 믿음이 성장하는 복된 삶으로 우리를 초청합니다. 우리가 말씀의 은혜와 복을 누릴 수 있는 길로 한 단계씩 안내해 줍니다.

말씀을 받아들이다

말씀의 복을 누리며 성장하는 첫 번째 단계는 하나님의 말씀을 받아들이는 것입니다. "더러움과 넘치는 악을 모두 버리고, 온유한 마음으로 여러분 속에 심어주신 말씀을 받아들여야 합니다"(21절). 야고보 사도는 '여러분 속에 심어주신 말씀'을 받아들이라고 합니다. 마치 밭에 뿌리는 씨앗처럼 하나님은 생명의 말씀을 우리 마음에 심어 주십니다. 또한 '받아들여'라는 단어는 반가운 손님을 맞이하듯이 크게 환영하고 기뻐하며 받는다는 의미입니다. 우리가 말씀의 복을 누리려면 생명과 은혜의 씨앗인 말씀을 잘 받아들여야 합니다. 어떻게 말씀을 잘 받아들일 수 있을까요?

집중해서 듣기

첫째, 집중해서 말씀을 들어야 합니다. "듣기는 빨리하고 말하기는 더디 하라"(19절)고 했습니다. '빨리하라'는 '준비하고 집중하라'는 뜻입니다. 우리는 자신이 말을 하는 동안에는 잘 듣지 못합니다. 듣기를 잘하려면 말하기는 더디 해야 합니다. 말하기를 더디 하라는 것은 자기 말을 하느라 듣는 데 집중하지 못하는 실수를 하지 말라는 것입니다. 믿음의 삶에서는 항상 말하기보다 듣기가 앞서야 합니다. 하나님은 말하기보다 듣기를 더 잘하라고 입은 하나만 주시고 귀는 두 개를 주셨습니다.

하나님이 부르실 때 어린 사무엘은 이렇게 대답했습니다. "말씀하옵소서 주의 종이 듣겠나이다"(삼상 3:10). 이것이 말씀을 듣는 태도입니다. 우리에게는 이처럼 듣는 귀가 필요합니다. 말씀을 잘 경청해야 합니다. 일상에서도 경청할 줄 알면 사람의 마음을 얻을 수 있습니다. 특별히 공감하는 경청은 놀라운 결과를 가져옵니다. 하나님은 귀를 기울여 말씀을 잘 듣는 성도를 기뻐하십니다. "믿음은 들음에서 생기고, 들음은 그리스도를 전하는 말씀에서 비롯됩니다"(롬 10:17). 성숙한 성도는 언제나 집중해서 하나님의 말씀을 듣습니다. '들을 귀'가 있는 성도가 복됩니다.

노하기를 더디하기

둘째, "노하기를 더디하기"(19절)입니다. 하나님의 말씀을 잘 듣고 받아들이려면 마음에 여유가 있어야 합니다. 만약 우리의 마음이 온갖 감정과 문제로 복잡하면, 말씀의 씨앗이 뿌려질 자리가 없게 됩니다. 세상 염려와 갈등과 분노로 가득한 마음으로는 말씀을 잘 받을 수 없습니다. 말씀을 잘 받기 위해 우리는 분주함과 분노와 온갖 감정으로 가득 차 있는 마음을 정리해야 합니다. '노하기를 더디'해야 합니다. 지금 우리 사회는 분노 조절 장애로 혼란한 분노 사회입니다. 세상의 풍조에 휩쓸리지 마십시오. 야고보 사도는 노하는 사람은 "하나님의 의를 이루지 못합니다"(20절)라고 분명하게 말합니다. 노하는 마음으로는 어떤 말씀도 열매 맺을 수 없습니다.

우리의 분노는 흔히 문자나 언어로 표현됩니다. 따라서 '분노를 더디 하는 것'은 우리의 언어를 부드럽게 하는 것과 같습니다. "부드러운 대답은 분노를 가라앉히지만, 거친 말은 화를 돋웁니다"(잠 15:1). 말씀을 잘 받기 위해 항상 마음에 말씀의 자리를 준비해야 합니다. 기도와 찬양으로 온갖 분노와 감정과 상념을 내려놓고, 말씀이 들어와 자리 잡고 생명의 뿌리를 내릴 넉넉한 마음으로 준비되어야 합니다.

말씀의 통로 청소하기

셋째, 말씀의 통로를 깨끗하게 청소해야 합니다. "더러움과 넘치는 악을 모두 버리고"(21절)라고 했습니다. '더러움과 넘치는 악'은 희랍어로 '귀지'를 뜻합니다. 참 재미있지요? 더러운 죄악은 귀지와 같습니다. 죄는 마음의 귀를 막아서 말씀이 들어오지 못하게 합니다. 그러므로 우리는 말씀을 잘 받아들이기 위해 말씀의 통로를 깨끗하게 청소해야 합니다. 깨끗하고 성결하게 열린 귀를 통해 생명의 말씀이 들어옵니다.

어떻게 귀지를 제거하고 말씀의 통로를 깨끗하게 할 수 있을까요? 이에 대해 요한 사도는 이같이 말합니다. "우리가 우리의 죄를 자백하면, 하나님은 미더우시고 의로우셔서, 우리의 죄를 용서해 주시고, 모든 불의에서 우리를 깨끗하게 해주실 것입니다"(요일 1:9). 하나님은 우리가 자백하면 용서해 주시고, 깨끗하게 해주십니다. 말씀의 통로를 늘 성결하게 청소하며 회개를 멈추지 마십시오. 말씀의 복이 가까이 다가올 것입니다.

마음 밭 가꾸기

넷째, 말씀이 뿌려질 마음 밭을 옥토로 가꾸어야 합니다. 여유가 생긴 마음이 말씀을 잘 받도록 마음의 토양을 가꾸는 것입니다. "온유한 마음으로 여러분 속에 심어주신 말씀을 받아들여야 합니다"(21절). 굳은 마음에서는 생명의 씨앗이 뿌리를 내리지 못하며, 자라지 못하며, 열매를 맺지 못합니다. 분노의 돌과 죄악의 귀지를 제거해서 우리는 마음을 온유하고 부드럽게 준비해야 합니다. 어떤 말씀이 주어지든 그 말씀에 순종하고 따를 겸손한 마음의 자세를 갖추어야 합니다. 자신에게 주시는 말씀 앞에 '아멘, 아멘' 하며 온유함으로 받아들일 때 말씀의 은혜와 복이 임합니다. 우리는 온유한 마음과 태도로 말씀을 받아들여야 합니다. 순종의 마음으로 겸손하게 받아들여야 합니다. 말씀의 은혜와 복이 다가올 것입니다.

말씀의 거울에 비춰 보다

첫 단계가 말씀을 잘 받아들이는 것이라면, 다음 단계는 말씀의 거울에 자신을 비춰 보는 것입니다. "말씀을 듣고도 행하지 않는 사람은 있는 그대로의 자기 얼굴을 거울 속으로 들여다보기만 하는 사람과 같습니다. 이런 사람은 자기의 모습을 보고 떠나가서, 그것이 어떠했는지를 곧 잊어버리는 사람입니다"(23-24절). 야고보 사도는 말씀을 '거울'에 비유했습니다. 우리는 아침에 일어나면 거울을 봅니다. 화장실에 다녀올 때마다 거울을 봅니다. 거울이 우리의 외모가 어떠한지를 비춰 준다면, 하나님의 말씀은 우리의 내면을 비춰 줍니다. 매일 거울을 쳐다보며 매무새를 바로 잡듯이 성숙한 성도는 늘 말씀을 통해 자신의 모습을 비춰 보고 새롭게 합니다. 우리는 거울을 볼 때 실은 거울이 아니라 자신을 봅니다. 이처럼 우리는 말씀을 통해 자신을 봅니다.

말씀은 영혼의 거울이 되어서 우리 마음의 실체를 비춰 줍니다. "하나님의 말씀은 살아 있고, 힘이 있어서 어떤 양날칼 보다도 더 날카롭습니다. 그래서 사람 속을 꿰뚫어

혼과 영을 갈라내고, 관절과 골수를 갈라놓기까지 하며, 마음에 품은 생각과 의도를 밝혀냅니다"(히 4:12). 하나님의 말씀은 우리의 마음에 품은 생각과 속셈을 드러냅니다. 이것이 말씀의 능력이며 은혜입니다. 말씀의 거울에 자신을 잘 비춰 보는 성도는 믿음이 깊어지고 성장합니다. 야고보 사도는 말씀의 거울에 자신을 비춰 보는 단계를 보여줍니다.

주의 깊게 읽고 관찰하기

야고보 사도는 25절에서 "율법을 잘 살피고"라고 합니다. 말씀을 주의 깊게 읽고 관찰하라는 뜻입니다. 관심을 가지고 세심하게 말씀을 들여다보는 것입니다. 우리는 거울을 주의 깊게 보듯이 말씀을 주의 깊게 읽으면서 내용과 뜻을 잘 살펴야 합니다. 회개할 죄가 있는지, 붙잡을 약속은 무엇인지, 바꿀 태도가 있는지, 지킬 명령은 무엇인지, 따라야 할 본이 있는지, 기도할 제목은 무엇인지, 진리가 무엇인지, 하나님께 감사할 것이 무엇인지를 주의 깊게 묻고 살펴보아야 합니다. 이렇게 할 때 말씀의 지식이 풍성해지고 깊어집니다.

계속 되새김질하기

말씀을 주의 깊게 읽고 관찰한 후에는 되새김질해야 합니다. 25절 '잘 살피고'에는 '보고 또 본다'는 뜻도 있습니다. 이는 계속해서 말씀을 되새김질하라는 것입니다. 되새김질하는 것을 '묵상'이라고 합니다. 묵상을 통해 말씀의 지식은 삶의 양식이 됩니다. 성도는 말씀을 되새김질할 때 말씀의 양분을 충분히 얻습니다. 성도는 말씀 묵상을 통해 자신의 모습과 내면을 잘 살필 수 있습니다. 말씀에게 묻고 들으며, 말씀의 물음에 대답합니다. 말씀 앞에 자신을 드러내며 말씀이 자신을 읽도록 합니다.

시편의 시인은 고백합니다. "내가 주의 법을 얼마나 사랑하는지 온종일 그것만을 깊이 생각합니다"(시 119:97). 믿음이 성장하는 사람은 언제나 주님의 말씀을 생각하며, 말씀이 마음에서 떠나지 않습니다. 계속 되새김질합니다. 예수님은 "너희가 나의 말에 머물러 있으면, 너희는 참으로 나의 제자들이다"(요 8:31)라고 말씀하셨습니다. 우리가 주님의 말씀 안에 머물며 잠길 때, 그리고 말씀의 거울에 끊임없이 자신을 비춰 볼 때 승리의 삶을 살 수 있습니다. 여호수아는 이스라엘의 새로운 지도자가 되었을 때 이런 말씀을 받았습니다. "이 율법책의 말씀을 늘 읽고 밤낮으로 그것을 묵상하여 이 율법책에 쓰인 대로 모든 것을 성심껏 실천하여라. 그리하면 네가 가는 길이 순조로울 것이며 네가 성공할 것이다"(수 1:8). 성도의 성공은 말씀을 읽는 것에서 시작되어, 말씀을 묵상함으로 성장하고, 마침내 말씀을 행함으로 이루어집니다. 성도의 건강은 말씀을 얼마나 잘 먹느냐에 달려 있습니다.

말씀을 실천하다

말씀을 받아 주의 깊게 읽고, 말씀의 거울에 자신을 비춰 보며 묵상하는 삶은 다음 단계를 통해 완성됩니다. 말씀을 받은 목적, 묵상한 목적이 있습니다. 바로 말씀을 실천하는 것입니다. 말씀을 실천하십시오. 말씀을 실천하지 않으면 읽고 묵상한 모든 것이 의미 없는 일이 됩니다. 야고보 사도는 "율법을 잘 살피고 끊임없이 그대로 사는 사람은, 율법을 듣고서 잊어버리는 사람이 아니라, 그것을 실행하는 사람입니다"(25절)라고 했습니다. 말씀을 듣고 잊어버리는 것은 마치 거울을 보고 잊어버리는 것과 같습니다. 말씀을 기억해야 합니다. 어떤 이들은 설교를 들으면서 메모하고 기록합니다. 기록은 말씀을 기억하는 좋은 습관입니다. "우리는 들은 바를 더욱 굳게 간직하여, 잘못된 길로 빠져드는 일이 없어야 마땅하겠습니다"(히 2:1). 들은 것을 '굳게 간직하라'를 영어 성경에서는 '기록하라'고 번역합니다. 기록하면 더 잘 기억할 수 있습니다.

여기서 야고보 사도는 말씀을 기억하는 것을 말씀의 실천과 같은 뜻으로 사용합니다. 말씀을 실천하는 것은 몸으로 기억하는 것과 같습니다. 참된 믿음의 사람은 말씀을 기억하고 실천하는 사람입니다. 우리는 말씀을 묵상하고 기억하고 실천할 때 성장합니다.

그러므로 야고보 사도는 크게 외칩니다. "말씀을 행하는 사람이 되십시오. 그저 듣기만 하여 자신을 속이는 사람이 되지 마십시오"(22절). 말씀을 행하는 이가 참된 성도입니다. 말씀을 행하는 것이 진짜 믿음입니다. 야고보 사도는 심지어 이렇게 말합니다. "사람이 해야 할 선한 일이 무엇인지 알면서도 하지 않으면, 그것은 그에게 죄가 됩니다"(약 4:17). 말씀을 통해 선하게 살아야 한다는 것을 알면서도 행하지 않는 것은 죄라고 합니다. 말씀의 은혜를 받고도 행하지 않으면 죄라고 합니다. 이와 반대로 말씀을 사모하여 읽고 묵상하고 되새기고 기억하며 실천하는 것이 복을 누리는 길입니다.

야고보 사도는 지금 우리가 놓치고 있는 것을 정확하게 짚어 줍니다. 우리가 믿음으로 살면서도 행복하지 않다면 구원의 은혜를 잊었기 때문이며, 행복하게 살아가는 삶의 길을 놓치고 있기 때문입니다. 야고보 사도는 어떻게 복된 성도가 되는지 분명하게 보여 줍니다. "이런 사람은 그가 행한 일에 복을 받을 것입니다"(25절). 누가 복을 받습니까? '이런 사람'입니다. '이런 사람'이 누구입니까? '행하는 사람'입니다. 무엇을 행하는 사람입니까? 말씀을 행하는 사람입니다. 야고보 사도는 외칩니다. "말씀을 행하는 사람이 되십시오. 그가 행한 일에 복을 받을 것입니다"(22, 25절). 행동하는 믿음이 이렇게 중요합니다. 말씀의 실천이 이렇게 중요합니다.

야고보 사도가 말하는 것은 이것입니다. "말씀대로 살아라. 그것이 하나님의 복을 받는 길이다. 말씀을 알아야한다. 그러나 아는 것이 끝이 아니다. 말씀을 묵상해야한다. 그러나 묵상이 목적이 아니다. 말씀을 기억해야한다. 그러나 기억이 끝이 아니다. 말씀을 행해라. 말씀을 실천해라. 그래야 하나님의 능력이 나타나고, 하나님의 복이 임하고, 참된 신앙의 성숙이 이루어진다."

결국 행복 幸福은 행복 行福입니다. 참된 행복은 말씀을 행할 때 오는 복입니다. 예배자의 행복은 삶의 자리에서 완성됩니다. 참된 믿음의 사람은 예배 가운데 하나님을 경험하고, 은혜로 주신 말씀을 붙잡고 순종하며 실천하는 삶에서 참된 행복을 누립니다. 예수님은 '말씀을 듣고 그대로 행하는 사람이 지혜롭다'(마 7:24)는 말씀으로 산상수훈을 마치셨습니다. 결국 신앙의 삶은 행함이 핵심입니다. 행함으로 결정됩니다.

말씀을 실천할 세 영역

이어서 야고보 사도는 말씀을 실천해야 할 세 영역을 말합니다. 이는 말씀을 행함으로 세워 가는 경건한 삶의 모습입니다.

첫째는 언어생활입니다. "누가 스스로 경건하다고 생각하면서도 혀를 다스리지 않고 자기 마음을 속이면 이 사람의 신앙은 헛된 것입니다"(26절). 자신이 말씀대로 잘 살고 있는지 살펴볼 때 먼저 자신의 언어를 살펴보아야 합니다. 말은 그 사람의 모든 것을 드러내는 척도입니다. 혀를 다스리지 않고서 결코 성숙한 신앙생활을 할 수 없습니다.

둘째는 사랑의 삶입니다. "하나님 아버지께서 보시기에 깨끗하고 흠이 없는 경건은, 고난을 겪고 있는 고아들과 과부들을 돌보아주며"(27절). 영적인 삶, 경건의 삶은 추상적이지 않습니다. 성도의 경건은 아주 실제적이며 구체적입니다. 이것은 그리스도의 사랑을 구체적으로 드러내고 실천하는 삶입니다. 어려움을 겪는 사람, 도움이 필요한 사람, 버림받고 소외당한 사람, 경제적 고통을 당하는 사람… 누구든지 주님의 사랑으로 돌보고 보살피며 사랑의 삶을 사는 것이 실천하는 삶의 열매입니다.

셋째는 정결함입니다. "자기를 지켜서 세속에 물들지 않게 하는 것입니다"(27절). 이것이 참된 경건입니다. 우리가 세속으로부터 우리를 지키고 신앙적으로 순결함을 지키는 것은 매우 중요합니다. 성도는 세상에 뿌려진 생명의 씨앗이기 때문입니다. 주님은 우리가 세상의 빛이요 소금이라고 말씀하셨습니다. 우리는 "이 시대의 풍조를 본받지 말고 마음을 새롭게 함으로 변화를 받아서 하나님의 선하시고 기뻐하시고 온전하신 뜻이 무엇인지를 분별해야 합니다"(롬 12:2). 이 세대의 풍조를 따르지 않고 자신의 신앙의 정결함을 지키는 것은 우리 모두의 사명입니다. 이것이 성도의 삶입니다. 세상의 가르침과 하나님의 말씀 사이에서 우리는 말씀을 실천하며 말씀으로 세상을 이겨야 합니다.

말씀을 행함이 성도의 능력입니다. 말씀을 실천함이 성도의 경건입니다. 우리는 말씀을 행하는 행복한 성도입니까? 우리 교회는 말씀을 행하는 행복한 교회입니까? 말씀을 잘 먹고 실천하는 성숙한 성도가 됩시다. 성도의 행복幸福은 행복行福입니다.

6장
하나님의 차별금지법

나의 형제자매 여러분, 여러분은 영광의 우리 주 예수 그리스도를 믿고 있으니, 사람을 차별하여 대하지 마십시오. 이를테면, 여러분의 회당에 화려한 옷을 입은 사람이 금반지를 끼고 들어오고, 또, 남루한 옷을 입은 가난한 사람도 들어온다고 합시다. 여러분이 화려한 옷차림을 한 사람에게는 특별한 호의를 보이면서 "여기 좋은 자리에 앉으십시오" 하고, 가난한 사람에게는 "당신은 거기 서 있든지, 내 발치에 앉든지 하오" 하고 말하면, 바로 여러분은 서로 차별을 하고, 나쁜 생각으로 남을 판단하는 사람이 된 것이 아니고 무엇이겠습니까? 사랑하는 형제자매 여러분, 들으십시오. 하나님께서는 세상의 가난한 사람을 택하셔서 믿음에 부요한 사람이 되게 하시고, 하나님을 사랑하는 이들에게 약속하신 그 나라의 상속자가 되게 하시지 않았습니까? 그런데 여러분은 가난한 사람을 업신여겼습니다. 여러분을 압제하는 사람은 부자들이 아닙니까? 또 여러분을 법정으로 끌고 가는 사람도 부자들이 아닙니까? 여러분이 받드는 그 존귀한 이름을 모독하는 사람도 부자들이 아닙니까? 여러분이 성경을 따라 "네 이웃을 네 몸같이 사랑하라"는 으뜸가는 법을 지키면, 잘하는 일입니다. 그러나 여러분이 사람을 차별해서 대하면 죄를 짓는 것이요, 여러분은 율법을 따라 범법자로 판정을 받게 됩니다. 누구든지 율법 전체를 지키다가도 한 조목에서 실수하면, 전체를 범한 셈이 되기 때문입니다. "간음하지 말라" 하신 분이 또한 "살인하지 말라"고 말씀하셨습니다. 어떤 사람이 간음은 하지 않는다고 하더라도 살인을 하면, 결국 그 사람은 율법을 범하는 것입니다. 여러분은, 자유를 주는 율법을 따라 앞으로 심판을 받을 각오로, 말도 그렇게 하고 행동도 그렇게 하십시오. 심판은 자비를 베풀지 않는 사람에게는 무자비합니다. 그러나 자비는 심판을 이깁니다 (야고보서 2:1-13).

살아가면서 제일 참기 힘든 것은 무엇인가요? 웬만한 건 잘 참는 편인데 정말 참기 힘든 것이 있습니다. 그것은 무시당하고 차별당하는 것입니다. 무시와 차별은 사람의 자존감을 무너뜨리고, 인격을 모욕하는 것과 같습니다. 우리는 무시당하고 차별당할 때 말할 수 없는 불쾌감을 느낍니다. 속에서 뜨거운 화가 솟아오릅니다. 세상 어디에서든 차별은 공동체의 생명력과 활력을 죽이고, 바르고 행복한 인간관계를 무너뜨립니다. 교회가 거룩한 생명의 공동체가 되기 위해 없애야 할 1순위는 차별입니다. 이것은 성도의 사명과 연결된 문제이며, 교회의 목적과도 관계되기 때문입니다. 우리가 성숙한 성도가 되기 위해서는 '차별'이라는 시험을 통과해야 합니다.

차별하지 않는 삶

야고보 사도는 명령합니다. "나의 형제자매 여러분 영광의 우리 주 예수 그리스도를 믿고 있으니, 사람을 차별하여 대하지 마십시오"(1절). 간결하지만 매우 강력한 명령입니다. 예수님을 믿는 성도의 삶은 차별하지 않는 삶입니다. 신실한 믿음의 삶과 차별은 함께할 수 없습니다. 야고보 사도는 초대 교회의 성도들이 예배하기 위해 모인 회당에서 흔히 일어날 수 있는 차별의 한 예를 설명합니다.

"영광의 우리 주 예수 그리스도를 믿고 있으니, 사람을 차별하여 대하지 마십시오. 이를테면, 여러분의 회당에 화려한 옷을 입은 사람이 금반지를 끼고 들어오고, 또 남루한 옷을 입은 가난한 사람도 들어온다고 합시다. 여러분이 화려한 옷차림을 한 사람에게는 특별한 호의를 보이면서 '여기 좋은 자리에 앉으십시오' 하고, 가난한 사람에게는 '당신은 거기 서 있든지, 내 발치에 앉든지 하오' 하고 말하면, 바로 여러분은 서로 차별을 하고, 나쁜 생각으로 남을 판단하는 사람이 된 것이 아니고 무엇이겠습니까?"(2-5절)

초대 교회에는 부자들도 있었지만, 가난한 노예들도 많았습니다. 그런데 어느 날 두 사람이 교회에 왔습니다. 한 사람의 손에는 금반지가 반짝이고 화려한 옷을 입었습니다. 화려한 옷은 당시 세력가들이 외출할 때 입던 옷을 말합니다. 옷차림이 신분을 나타내던 사회였습니다.

그런데 다른 한 사람은 옷차림이 남루합니다. 다 낡은 신발을 신은 그의 신분은 노예가 분명합니다. 안내위원이 부자에게는 굽실거리며 공손히 인사하고, 좋은 자리로 안내합니다. 그러나 가난한 사람은 거들떠보지도 않습니다. 저런 사람이 왜 교회에 왔느냐는 표정으로 어디에 앉든 관심도 없습니다.

야고보 사도는 '이를테면'이라고 했지만, 교회에서 차별이 있음을 말합니다. 부자가 나쁘다고 말하는 것이 아닙니다. 좋은 옷을 입고 금반지를 낀 것이 나쁘다고 말하는 것이 아닙니다. 교회에는 부자도 있고 가난한 사람도 있습니다. 야고보 사도는 단지 겉모습을 보고 판단하는 것은 옳지 않다고 합니다.

차별하는 세상

우리가 살아가는 세상은 차별하는 세상입니다. 차별은 '둘 이상의 대상을 겉으로 드러나는 것으로 비교하고 판단하는 것'에서 시작됩니다. 서로 비교하거나 다른 점을 구별할 수는 있습니다. 그러나 나쁜 생각이나 편견과 선입관으로 판단하면 차별이 됩니다. '차별하다프로소폴렘시아이스'의 뜻은 '사람을 겉모습으로 판단하다'입니다.

우리가 사는 세상은 겉모습으로 판단하고 차별합니다. 사람의 외모와 피부색으로 차별합니다. 미국의 가장 큰 사회 문제는 인종차별입니다. 요즘은 한국에서도 종종 인종차별 문제가 드러나곤 합니다. 우리 사회에서는 외모 차별이 매우 심각합니다. 아직도 출신을 많이 따집니다. 무슨 학교와 학벌로 차별하기도 합니다. 세대 차별도 많습니다. 젊은 세대는 그들대로, 노인 세대는 그들대로 부당한 차별을 호소합니다. 젊은 사람들의 열정과 노인 세대의 경험과 지혜가 함께 어울리기가 쉽지 않습니다. 장애인 차별도 여전합니다. 장애인과 비장애인이 아무런 차별 없이 조화롭게 사는 사회가 되기가 쉽지 않습니다. 재물이나 성공 여부로 차별하기도 합니다. 우리가 사는 세상은 차별하지 않으면 살 수 없는 것처럼 느껴집니다.

차별하면 안 되는 이유

야고보 사도는 이 모든 차별은 잘못이라고 선언합니다. 더욱이 예수 그리스도를 믿는 성도의 삶에서 차별은 용납될 수 없다고 합니다. 우리는 왜 차별하지 말아야 할까요?

하나님은 차별하지 않으신다

야고보 사도는 말합니다. "하나님께서는 세상의 가난한 사람을 택하셔서 믿음에 부요한 사람이 되게 하시고, 하나님을 사랑하는 이들에게 약속하신 그 나라의 상속자가 되게 하시지 않았습니까?"(5절) 하나님은 가난한 자와 부자를 차별하지 않습니다. 하나님은 누구에게나 은혜를 베푸십니다. 예수님은 산상수훈에서 말씀하셨습니다. "아버지께서는, 악한 사람에게나 선한 사람에게나 똑같이 해를 떠오르게 하시고, 의로운 사람에게나 불의한 사람에게나 똑같이 비를 내려주신다"(마 5:45). 하나님은 사람을 차별하여 은혜를 베푸시는 분이 아닙니다. 가난한 사람을 택하셔서 부요하게 하시며, 하나님을 사랑하는 자라면 누구나 하나님 나라의 상속자가 되게 하십니다. "하나님께서는 사람을 차별함이 없이 대하십니다"(롬 2:11).

예수님은 인생에 실패한 사람, 버림받은 사람, 상처받은 사람, 아픔이 있는 사람을 포함하여 모든 사람을 위해 십자가에서 돌아가셨습니다. 예수님의 사랑에는 차별이 없습니다. 그런데 하나님을 믿는 자녀가 "가난한 사람을 업신여겼다"(6절)고 합니다. 믿음의 공동체에서조차 가난하다고 해서 무시하고 차별했습니다. 영광의 그리스도를 믿는 성도에게 차별은 있을 수 없습니다.

하나님의 법은 사랑의 법이다

차별하면 안 되는 또 다른 이유는 하나님의 법은 차별이 아니라 사랑이기 때문입니다. "여러분이 성경을 따라 '네 이웃을 네 몸같이 사랑하라'는 으뜸가는 법을 지키면, 잘하는 일입니다. 그러나 여러분이 사람을 차별해서 대하면 죄를 짓는 것이요, 여러분은 율법을 따라 범법자로 판정을 받게 됩니다"(8-9절). 하나님의 법은 사랑의 법입니다. "네 이웃을 네 몸같이 사랑하라"는 법은 가장 으뜸이 되는 법입니다. 하나님의 법은 성도가 지켜야 할 삶의 기준입니다. 성도가 따라야 할 생명과 복의 길입니다.

참된 믿음은 하나님의 법을 지키는 것입니다. 성숙한 성도는 사랑의 법을 실천합니다. 그런데 법의 특징이 있습니다. 그것은 법의 어떤 규정을 범하든지 하나만 범해도 죄인이 된다는 것입니다. 법을 어겨 죄인이 되는 것에는 크고 작은 법이 따로 있지 않습니다. 하나를 어기면 다른 모든 것을 어기지 않아도 죄인입니다. 경범죄도 죄고, 살인죄도 죄입니다. 어느 죄든 범하면 죄인입니다. 이 말씀이 바로 그런 뜻입니다. "누구든지 율법 전체를 지키다가도

한 조목에서 실수하면, 전체를 범한 셈이 되기 때문입니다. '간음하지 말라' 하신 분이 또한 '살인하지 말라'고 말씀하셨습니다. 어떤 사람이 간음은 하지 않는다고 하더라도 살인을 하면, 결국 그 사람은 율법을 범한 것입니다"(10-11절).

사람을 차별하는 것은 사랑의 법에 어긋납니다. 사람을 차별하면 사랑의 법을 어기는 것이고, 그러면 우리는 범법자가 됩니다. 차별하는 것을 대수롭지 않게 여기지 말아야 합니다. 우리는 차별하는 것을 작은 일로 여길 수 있습니다. 차별하는 세상에서 자신도 차별받았으니 다른 사람을 차별해도 된다고 생각하기 쉽습니다. 모두 잘못된 생각입니다. 사람을 차별하는 것을 작게 여기지 마십시오. 성숙한 성도는 차별하지 않습니다. 하나님은 우리가 형제자매를 사랑하기를 기대하십니다.

사랑의 법 실천하기

그러면 어떻게 사랑의 법을 실천할 수 있을까요? 어떻게 차별하지 않는 삶, 차별하지 않는 교회가 될 수 있을까요?

하나님의 법이 기준이다

하나님의 법을 실천하려면 그 법을 실천 기준으로 삼아야 합니다. 야고보 사도는 말합니다. "여러분은 자유를 주는 율법을 따라 앞으로 심판을 받을 각오로, 말도 그렇게 하고 행동도 그렇게 하십시오"(12절). 하나님이 주신 자유의 법을 따라 행동하라는 것입니다. 우리가 믿음의 사람으로 살아가려면 세상의 법과 세상의 가치, 하나님의 법과 말씀의 가치 사이에서 선택하고 결단해야 합니다. 물론 세상의 법은 대부분 정의롭고 바릅니다. 좋은 가치도 많이 있습니다. 그러나 세상의 가치가 하나님의 가치와 충돌한다면 우리는 하나님의 법과 천국의 가치를 선택해야 합니다. 하나님의 법은 차별을 죄라고 합니다.

예수님은 분명하게 말씀하셨습니다. "새 계명을 너희에게 주노니 서로 사랑하라. 내가 너희를 사랑한 것 같이 너희도 서로 사랑하라"(요 13:34). 서로 사랑하는 것이 목적이 되면 무시하고 차별하는 것은 우리의 삶에서 사라질 것입니다. 사랑이 마음과 행동의 동기와 목적이 되어야 합니다. 사랑이 믿음 생활의 전부입니다.

서로 받아들이기

바울 사도는 "그러므로 그리스도께서 하나님의 영광을 드러내시려고 여러분을 받아들이신 것과 같이 여러분도 서로 받아들이십시오"(롬 15:7)라고 합니다. 서로 받아들이는 것을 '용납'이라고 합니다. 주님은 우리가 죄인임에도 불구하고 우리를 받아 주심으로 우리에 대한 하나님의 사랑을 나타내셨습니다. 그러므로 용납은 사랑의 또 다른 말입니다. 받아들임으로 사랑의 관계가 시작됩니다. 진실한 믿음의 사람은 주님이 자신을 받아 주셨음을 감사하고 다른 사람을 받아 줍니다.

그러므로 성도가 모여 그리스도의 몸을 이룬 교회는 마땅히 서로 용납하는 공동체가 되어야 합니다. 예수님은 죄를 미워하셨지만, 죄인은 받아 주셨습니다. 이렇게 예수님의 마음으로 서로를 받아 주는 것이 진실한 성도 관계의 시작입니다. 우리는 흔히 용납과 인정을 혼동하는 경향이 있습니다. 누군가가 심각한 죄에 빠져 있을 때, 용납하는 것은 그 사람을 받아들이는 것이지 죄를 받아들이는 것은 아닙니다. 죄와 잘못된 행동은 인정하지 않지만, 그 사람은 받아 주는 것이 용납입니다. 그러니 우리는 누구라도 용납할 수 있습니다. 부모와 자녀의 관계에서 용납은 매우 중요합니다. 자녀는 어떤 상황에서도 부모가 자신을 받아 준다는 믿음이 있을 때 전인적으로 건강하게 성장할 수 있습니다.

서로 존중하기

이제는 서로 존중해야 합니다. 서로 존중하는 것은 용납에서 한 걸음 더 나아간 것입니다. 우리는 서로 받아 주는 단계에서 서로 존중하는 단계로 성숙해 가야 합니다. 바울 사도는 "어떤 일을 하든지 다툼이나 허영으로 하지 말고 겸손한 마음으로 하고, 서로 자기보다 남을 낮게 여기십시오"(빌 2:3)라고 했습니다. 겸손한 마음으로 서로 자기보다 남을 낮게 여기며 존중하라는 것입니다.

우리는 서로 다른 생각과 의견, 다른 성격과 취미, 다양한 취향이 있습니다. 서로 다른 것을 존중할 때 우리는 복된 인간관계를 누릴 수 있습니다. 우리 교회는 다양한 성도들이 모여서 얼마나 행복한지 모릅니다. 다양한 연령,

다양한 직업, 다양한 교파의 배경, 다양한 신앙의 색깔, 다양한 은사, 다양한 재능, 다양한 아이디어와 생각, 다양한 사역이 어울려서 정말 아름답고 건강한 그리스도의 몸을 이루기 때문입니다. 우리는 서로 존중할 때 차별을 넘어서 함께 행복할 수 있습니다.

서로 세워 주기

다름을 인정하고 서로 받아들이고 존중할 때, 우리는 서로를 세워 주는 성도와 교회로 성숙해 갑니다. 우리는 할 수 있는 한 최선을 다해 서로를 세워 주어야 합니다. "여러분은 지금도 그렇게 하는 것과 같이 서로 격려하고 서로 덕을 세우십시오"(살전 5:11). 관계 속에서 어떻게 할 때 서로를 세워 줄 수 있을까요? 기도하고 칭찬하고 공감하고 함께하는 것입니다. 비판하기 전에 칭찬할 것을 찾아보십시오. 비난하기 전에 마음을 열고 경청해 보십시오. 판단하기 전에 공감의 마음을 가져 보십시오. 정죄하기 전에 기도하십시오.

서울 소공동에 있는 승동교회는 1893년 마삼열 Samuel

Moore 선교사가 세운 교회입니다. 조선은 양반, 중인, 상인, 천인 네 계급의 신분 사회였습니다. 백정과 기생 등은 천인이고 백정은 이름조차 가질 수 없었습니다. 마삼열 선교사는 이런 백정도 하나님의 백성으로 인정하고 받아들였습니다. 그 결과 많은 백정이 모였고 '백정 교회'로 불리기도 했습니다. 시간이 지나면서 양반과 중인들도 교회에 왔습니다. 어느 날 양반들이 선교사에게 요구했습니다. "양반들이 따로 앉을 수 있도록 앞에 자리를 마련해 주십시오." 그러나 마삼열 선교사는 "예수 안에서는 양반과 천인의 구별이 없습니다"라고 말했습니다. 교회가 계속 성장하면서 평신도 지도자인 장로를 세워야 했고 여러 후보자를 놓고 투표했습니다. 놀랍게도 백정이던 박성춘이 초대장로가 되었습니다.

그리스도 안에서는 차별이 있을 수 없습니다. 이것이 한국 교회가 회복해야 진정한 모습입니다. 우리는 똑같은 하나님의 자녀입니다. 주님의 사랑의 법인 하나님의 차별금지법을 삶의 길로 삼아야 합니다. 다른 사람을 용납하십시오. 존중하십시오. 세워 주십시오. 이것이 진실한 성도의 모습입니다. "유다인이나 그리스인이나 종이나 자유인이나 남자나 여자나 아무런 차별이 없습니다. 그리스도 예수 안에서 여러분은 모두 한몸을 이루었기 때문입니다"(갈 3:28, 공동번역).

우리 교회는 어떤 교회입니까? 우리가 내려놓아야 할 편견과 고집과 교만은 무엇입니까? 누구나 환영받고 존중받고 사랑받고 세워지는 교회로 성숙해 가야 합니다. 이 세상에서 차별을 깨뜨리는 것은 또 다른 우리의 사명입니다. 그러기 위해서 우리는 외모가 아니라 내면을 가꾸며, 중심을 바르게 세워야 합니다. 우리가 차별한다면 우리 안에 예수님이 계시지 않은 것과 같습니다. 교회가 차별을 느끼는 또 하나의 장벽이 되어서는 안 됩니다. 우리에게는 하나님의 차별금지법이 있습니다. 주님은 "무엇이든지 남에게 대접을 받고자 하는 대로 너희도 남을 대접하라"(마 7:12)고 말씀하셨습니다. 차별받지 않고, 존중받고, 환영받고, 이해받고, 사랑받기를 원하는 대로 그렇게 다른 사람을 존중하고, 환영하고, 이해하고, 사랑하며 차별하지 않는 진실한 성도가 되어야 합니다. 이것이 우리의 본분입니다.

7장

죽은 믿음, 산 믿음

나의 형제자매 여러분, 누가 믿음이 있다고 말하면서도 행함이 없으면, 무슨 소용이 있겠습니까? 그런 믿음이 그를 구원할 수 있겠습니까? 어떤 형제나 자매가 헐벗고, 그날 먹을 것조차 없는데, 여러분 가운데서 누가 그들에게 말하기를 "평안히 가서, 몸을 따뜻하게 하고, 배부르게 먹으십시오" 하면서, 말만 하고 몸에 필요한 것들을 주지 않는다고 하면, 무슨 소용이 있겠습니까? 이와 같이 믿음에 행함이 따르지 않으면, 그 자체만으로는 죽은 것입니다. 어떤 사람은 이렇게 말할 것입니다. "너에게는 믿음이 있고, 나에게는 행함이 있다. 행함이 없는 너의 믿음을 나에게 보여라. 그리하면 나는 행함으로 나의 믿음을 너에게 보이겠다." 그대는 하나님께서 한 분이심을 믿고 있습니다. 잘하는 일입니다. 그런데 귀신들도 그렇게 믿고 떱니다. 아, 어리석은 사람이여, 그대는 행함이 없는 믿음은 쓸모가 없다는 것을 알고 싶습니까? 우리 조상 아브라함이 자기 아들 이삭을 제단에 바치고서 행함으로 의롭게 된 것이 아닙니까? 그대가 보는 대로 믿음이 그의 행함과 함께 작용을 한 것입니다. 그러므로 행함으로 믿음이 완전하게 되었습니다. 그래서 "아브라함이 하나님을 믿으니, 하나님께서 그것을 아브라함의 의로움으로 여기셨다"고 한 성경 말씀이 이루어졌고, 또 사람들이 그를 하나님의 벗이라고 불렀습니다. 여러분이 아는 대로, 사람은 행함으로 의롭게 되는 것이지, 믿음으로만 되는 것이 아닙니다. 창녀 라합도 정탐꾼들을 접대하여 다른 길로 내보내서, 행함으로 의롭게 된 것이 아닙니까? 영혼이 없는 몸이 죽은 것과 같이, 행함이 없는 믿음은 죽은 것입니다(야고보서 2:14-26).

사람들은 진품에 관해 관심이 많습니다. 그래서 음식이나 물건 이름에 '참', '진', 혹은 '순'을 많이 붙입니다. 각종 보석과 명품, 식품에 이르기까지 진품은 언제나 사람들의 관심을 끕니다. 이를 달리 생각해 보면 세상에는 가짜가 많다는 뜻이기도 합니다. 가짜를 진짜처럼 둔갑하는 경우가 너무나 많기 때문입니다. 심지어 '가짜면 어때, 나만 좋으면 되지'라고 생각하기도 합니다.

우리의 믿음은 어떻습니까? 우리의 믿음은 진실하니

까? 우리는 자신의 믿음에 관해 참 믿음인지, 무늬만 성도인 것은 아닌지 고민하고 진지하게 씨름하고 있습니까? 자신의 믿음이 진짜인지, 진짜라면 어떻게 확인하고 증명할 수 있는지 생각해 본 적이 있습니까? 참된 믿음, 진실한 믿음, 진짜 믿음은 어떤 믿음일까요?

행함으로 의롭게

"나의 형제자매 여러분, 누가 믿음이 있다고 말하면서도 행함이 없으면, 무슨 소용이 있겠습니까?"(14절) "믿음에 행함이 따르지 않으면, 그 자체만으로는 죽은 것입니다"(17절). "사람은 행함으로 의롭게 되는 것이지, 믿음으로만 되는 것이 아닙니다"(24절). 이 구절들은 야고보서의 중요한 주제이며 핵심입니다. '행함이 없는 믿음은 죽은 것'이며, '사람은 행함으로 의롭게 된다'라는 것입니다. 야고보 사도는 이를 위해 야고보서를 기록했습니다.

그런데 이 구절들을 읽는 우리는 매우 당혹스럽습니다. 평소에 듣고 믿었던 것과는 다르기 때문입니다. 우리는 믿음으로 의롭게 되어 구원을 받는다는 진리를 귀가 닳도록 들었습니다. 그리고 이것이 우리의 확신이고 고백이며 믿음의 내용입니다. 그런데 야고보 사도는 "사람이 믿음으로만 의롭게 되는 것이 아니라, 행함으로 의롭게 된다"고 선언합니다. 우리는 믿음으로 구원받습니까, 아니면 행함으로 구원받습니까?

바울 사도는 이렇게 말합니다. "여러분은 믿음으로 말미암아 은혜로 구원을 받았습니다. 이것은 여러분에게서 난 것이 아니요 하나님의 선물입니다"(엡 2:8). 이 말씀은 구원에 관한 매우 중요한 핵심 구절입니다. 그렇습니다. 우리는 하나님의 은혜로, 믿음으로 말미암아 구원을 받습니다. 우리는 믿음으로 구원받았지 행함으로 구원받은 것이 아닙니다.

그렇다면 성경이 상반되는 진리를 말하는 것일까요? 성경의 저자가 성령님이라면 같은 저자가 어떻게 상반되는 말씀을 했을까요? 결론부터 말하면 이 두 가지는 같습니다. 이제 상반되어 보이는 말씀이 어떻게 같은 것인지 살펴보겠습니다.

믿음과 행위

믿음으로 구원을 받는다고 한 바울 사도는 '율법주의에 사로잡힌 사람들'을 염두에 두고 있었습니다. 이런 사람들을 '율법주의자'라고 하는데, 이들은 그리스도인이 되려면 율법을 지키고 선행을 쌓아야 한다고 생각했습니다. 그래서 예수 그리스도를 믿는 것만으로는 부족하고, 율법을 행해야만 구원을 얻는다고 주장했습니다. 바울은 이들을 향해 구원은 '율법을 행함으로'가 아니라, 예수님의 '십자가의 은혜를 믿음으로' 받는 선물임을 분명하게 말했습니다.

반면에 야고보 사도는 신앙의 방종주의자들과 맞서고 있습니다. 이들은 예수님을 믿고 구원을 받았으니 이제는 어떻게 행동해도 상관없다고 여겼습니다. 이들은 믿기만 하면 된다고 생각했으며, 믿음의 실천에는 관심이 없었습니다. 또한 예수 믿고 구원받으면 되었지, 어떻게 살든 믿음과는 상관없다고 생각했습니다. 야고보 사도는 바로 이런 그리스도인들을 염두에 두고 "행함으로 의롭게 된다"고 말한 것입니다. 결국 야고보서는 믿음으로 구원을 받으면, 어떻게 행동해도 괜찮다는 자들에게 참된 믿음의 삶의 중요함을 가르치고 있습니다. '믿기만 하면 된다고 하는 것은 거짓 믿음이다. 그런 믿음은 죽은 것이다. 구원은 행동으로 증명될 때 참 믿음이다'라고 한 것입니다.

그러므로 바울과 야고보가 '믿음'과 '행함'이라는 단어를 사용할 때 두 사도는 다른 강조점을 가지고 말했습니다. 바울 사도가 말하는 '행함'은 유대교의 할례와 같은 율법을 지켜야 의롭게 된다는 잘못된 믿음을 가리킵니다. 반면에 야고보 사도가 말하는 '행함'은 믿음으로 살아가는 그리스도인의 삶의 태도와 방식을 말합니다. 그러므로 바울은 구원의 근거에 초점을 두고 율법을 행하는 것이 구원의 근거가 될 수 없다고 한 것이고, 야고보는 구원의 열매에 초점을 두고 구원받은 믿는 자의 삶에 어떤 실천이 따라야 하는가를 말한 것입니다. 결국 바울 사도는 어떻게 그리스도인이 될 수 있는가를 말한 것이고, 야고보 사도는 그리스도인이 진실한 믿음을 어떻게 증명할 수 있는가를 말한 것입니다.

"여러분은 믿음으로 말미암아 은혜로 구원을 받았습니다. 이것은 여러분에게서 난 것이 아니요, 하나님의 선물입니다. 구원이 행위에서 난 것이 아님은, 아무도 그것을 자랑할 수 없게 하려고 하시는 것입니다. 우리는 하나님의 작품입니다. 선한 일을 하게 하시려고, 하나님께서 그리스도 예수 안에서 우리를 만드셨습니다"(엡 2:8-10).

이 말씀에는 구원의 과정에서 중요한 세 단계가 나옵니다. 바로 '은혜로, 믿음으로 말미암아, 선한 일을 하게 하시려고'입니다. 이 순서가 중요합니다.

은혜

첫째는 은혜입니다. 하나님의 은혜가 없다면 구원 자체가 없습니다. 존 웨슬리는 '선행은총'이라는 표현을 사용했습니다. 이 은총은 온 인류에게 베풀어 주시는 하나님의 사랑입니다. 선인과 악인, 남자와 여자, 어른과 아이, 인종과 장벽을 뛰어넘어 모든 이에게 베푸시는 하나님의 은혜입니다.

믿음

둘째는 믿음입니다. 하나님의 은혜를 믿음으로 받아들

일 때 비로소 선행은총은 의롭게 하시는 은혜(칭의의 은총)가 됩니다. 우리가 예수 그리스도를 통해 보여 주신 하나님의 사랑과 그리스도의 십자가의 은총을 믿을 때 의롭게 됩니다. 그러므로 구원은 자신의 업적과 아무런 관계가 없습니다. 자랑할 것이 없습니다. 바울과 같이 오직 그리스도의 십자가와 은혜만 자랑할 뿐입니다.

선한 일

셋째는 선한 일을 해야 합니다. 은혜로 인하여 믿음으로 구원받은 것은 성도가 선한 일을 행하기 위해서입니다. 순서가 바뀌면 문제가 됩니다. 행함이 앞에 오면 자기 자랑과 공로가 되고 은혜가 필요 없기 때문입니다. 이것이 율법주의입니다. 그러므로 야고보 사도는 너희가 구원받았다고 하면서 구원의 열매인 선한 일, 곧 행함이 없다면 정말 구원받은 것이냐고 묻습니다. 행함이 없다면 그 믿음은 죽은 것이라고 합니다.

그러므로 참된 믿음은 이 세 가지(은혜, 믿음, 행함)를 통해서 드러납니다. 그러면 우리는 어떻게 참된 믿음, 성숙한 믿음, 살아 있는 믿음을 보여 줄 수 있을까요?

참된 믿음

말만 하지 않는다

"어떤 형제나 자매가 헐벗고, 그날 먹을 것조차 없는데, 여러분 가운데서 누가 그들에게 말하기를 '평안히 가서 몸을 따뜻하게 하고, 배부르게 먹으십시오' 하면서, 말만 하고, 몸에 필요한 것들을 주지 않는다고 하면, 무슨 소용이 있겠습니까?"(15-16절) 형제자매 중에 헐벗고 굶주린 사람이 있는데 그에게 집에 가서 배부르게 먹으라고 말만 하면 아무 소용이 없다는 것입니다. 참된 믿음은 말에 머물지 않습니다. 말만 하지 않습니다. 말과 함께 따라오는 행동이 있습니다. 배고픈 사람을 만나면 먹을 것을 주고, 헐벗은 사람이 있으며 입혀 주어야 합니다. 말만으로는 믿음의 참됨을 드러낼 수 없습니다. 예수님께서도 말씀하셨습니다. "나더러 주여 주여 하는 자마다 다 천국에 들어갈 것이 아니요 다만 하늘에 계신 내 아버지의 뜻대로 행하는 자라야 들어가리라"(마 7:21). 참된 믿음은 말과 행동이 같습니다.

그러므로 참된 믿음은 일상생활에서 예수님의 마음으로 행동하는 것입니다. 예수님의 마음은 긍휼히 여기는 마음, 사랑의 마음입니다. 참된 믿음의 사람은 단지 불쌍히 여기는 마음과 말에 머물지 않고 구체적인 필요에 따라 돕고 사랑합니다. 느낌과 감정에 머물지 않습니다. 느낀 대로 행동합니다. 은혜받은 대로 실천합니다.

생각과 지식에 머물지 않는다

"어떤 사람은 이렇게 말할 것입니다. '너에게는 믿음이 있고, 나에게는 행함이 있다. 행함이 없는 너의 믿음을 나에게 보여라. 그러면 나는 행함으로 나의 믿음을 너에게 보이겠다'"(18절). 이 말씀은 이런 뜻입니다. 두 사람이 있는데 한 사람은 믿음이 있지만 행함이 없고, 다른 한 사람은 행함이 있지만 믿음이 없습니다. 그런데 그 두 사람이 자신의 부족한 것을 깨닫고 온전하고 성숙한 사람, 참된 신앙인이 되려는 것이 아니라 서로 자기주장을 하면서 토론하고 자기 생각을 이야기하며 논쟁을 즐기는 모습입니다.

참된 믿음은 자신의 영적 지식을 즐기고 그것에 만족하는 데 머물지 않습니다. 참된 믿음은 머리에 머무는 지식이 손과 발이 되어 구체적인 행동으로 드러나는 것입니다. 하나님에 관해 아는 것만으로는 아무런 가치가 없습니다. 행함이 없다면 죽은 지식이며, 죽은 믿음입니다.

야고보 사도는 사탄을 예로 들어 설명합니다. "그대는 하나님께서 한 분이심을 믿고 있습니다. 잘하는 일입니다. 그런데 귀신들도 그렇게 믿고 떱니다"(19절). 이 말은 칭찬이 아닙니다. 비꼬는 말입니다. 하나님을 알고 믿는 것만으로는 자랑거리가 될 수 없다는 것입니다. 왜냐하면 사탄도 하나님이 계시다는 것을 알기 때문입니다. 사탄은 우리보다 하나님을 더 잘 알고, 성경도 잘 알고 있습니다. 그러나 사탄은 하나님께 순종하지 않습니다. 사탄은 하나님을 대적합니다. 우리는 하나님을 알고 영적 지식만으로는 자신의 믿음이 참되고 진실하다는 것을 나타낼 수 없습니다. "아, 어리석은 사람이여, 당신은, 행함이 없는 믿음은 쓸모가 없다는 사실을 알고 싶습니까?"(20절) 단지 머리로만 아는 믿음은 쓸모가 없습니다. 행함과 실천이 없는 믿음은 아무 소용이 없습니다. 믿음은 말이 아닙니다. 느낌도, 지식도 아닙니다. 그러면 무엇일까요?

행동한다

참된 믿음은 행동합니다. 야고보 사도는 참된 믿음의 예로 아브라함과 기생 라합을 소개합니다. 이 두 사람은 매우 대조적입니다. 야고보는 일부러 극단적인 두 사람을 참된 믿음의 예로 든 것 같습니다. 아브라함은 남자이고 라합은 여자입니다. 아브라함은 유대인이고 라합은 이방인입니다. 아브라함은 족장이고 라합은 창녀입니다. 아브라함은 주요 인물이고 라합은 천인입니다.

그러나 이 두 사람에게 공통점이 있습니다. 바로 '참된 믿음'입니다. 왜 이 두 사람이 참된 믿음의 사람입니까? 그들의 믿음은 행동을 통해 증명되었기 때문입니다. 우리가 참된 믿음, 행동하는 믿음을 가지는 데는 나이, 성별, 출신, 학력, 경제력, 외모 등 그 어느 것도 문제가 되지 않습니다. 누구라도 참된 믿음의 사람이 될 수 있습니다.

야고보 사도는 아브라함은 아들 이삭을 제단에 바치는 행위로 의롭게 된 것이 아니냐고 말하면서 이렇게 설명합니다. "믿음이 그의 행함과 함께 작용을 한 것입니다. 그러므로 행함으로 믿음이 완전하게 되었습니다"(22절). 아브라함의 믿음은 행함과 함께 작용했습니다. 믿음으로 행하고, 행함으로 믿었습니다. 아브라함의 믿음은 행함으로 완전하게 되었습니다. 여기서 야고보 사도는 믿음의 중요함을 인정하면서 믿음이 행함을 통해 성취되고 완전하게 되었다고 합니다. 아브라함이 행동했을 때 "아브라함이 하나님을 믿으니, 하나님께서 그것을 아브라함의 의로움으로 여기셨다"(23절)고 하신 말씀이 이루어졌다는 것입니다.

라합은 어떻습니까? 여호수아서 2장에 나오는 창녀 라합은 여리고 성에 살고 있었는데 하나님의 정탐꾼들을 맞아들였으며, 라합을 주목한 여리고 왕이 사람을 보내 그들을 죽이려는 위험한 상황에서 보호하고 지켜 주었습니다. 목숨을 건 행동입니다. 라합은 이방 여자지만, 이스라엘의 하나님에 관한 소식을 들었고, 그 하나님을 믿고 의지했습니다. 그리고 구체적인 결단과 행동을 통해 믿음의 진실함을 증명했습니다.

행함이 없는 믿음

야고보 사도는 이렇게 결론을 내립니다. "영혼이 없는 몸이 죽은 것과 같이, 행함이 없는 믿음은 죽은 것입니다" (26절). 우리의 믿음은 살아 있습니까? 우리의 눈으로는 믿음을 볼 수 없습니다. 그러나 믿음은 행동을 통해서 나타납니다. 행동이 믿음을 보여 줍니다. 예수님을 믿고 구원받으면 되었지, 하나님의 뜻에 순종하며 어떻게 행동하고 어떻게 사는가는 중요하지 않다고 생각할 수 있습니다. 이것이 편하기 때문입니다. 그러나 야고보 사도는 그런 믿음은 죽은 것이라고 합니다. 우리의 믿음은 살아 있는 믿음, 역사하는 믿음, 구원하는 믿음이 되어야 합니다.

우리는 믿음과 행함을 자꾸 구분합니다. 사실 바울과 야고보 사도는 믿음과 행함을 따로 생각하지 않았습니다. 바울 사도는 이렇게 말했습니다. "하나님 앞에서는 율법을 듣는 사람이 의로운 사람이 아닙니다. 오직 율법을 실천하는 사람이라야 의롭게 될 것이기 때문입니다"(롬 2:13). 믿음과 실천을 하나로 보았습니다. 우리의 이분법적인 생각을 깨뜨려야 합니다. 믿음은 행함이고, 행함은 믿음입니다. 믿음은 명사가 아니라 동사입니다.

우리는 바울 사도의 말을 기억해야 합니다. "여러분은 자기가 믿음 안에 있는지를 스스로 시험해 보고, 스스로 검증해 보십시오. 여러분은 예수 그리스도께서 여러분 안에 계시다는 것을 알지 못합니까?"(고후 13:5) 우리는 우리의 믿음이 참된지 검증하며 살아야 합니다. 나는 진실로 살아 계신 하나님을 믿는지, 예수 그리스도께서 내 삶의 주인인지, 십자가의 은혜를 의지하는지, 부활의 생명과 능력을 믿는지, 자신의 이러한 믿음은 행동과 실천으로 드러나는지를 검증하며 살아야 합니다.

믿음은 행동입니다. 행함으로 믿음을 증명합시다. 행하는 믿음이 산 믿음입니다. 믿음이 행함과 함께 역사하는 삶이 되기를, 행동하는 믿음으로 살아가는 우리의 삶이 세상에서 빛나고 거룩한 삶, 풍성한 열매가 넘치는 승리의 삶 되기를 바랍니다.

8장

성숙한 성도의 말

나의 형제자매 여러분, 여러분은 선생이 되려고 하는 사람이 많아서는 안 됩니다. 여러분이 아는 대로, 가르치는 사람인 우리가 더 큰 심판을 받을 것입니다. 우리는 다 실수를 많이 저지릅니다. 누구든지, 말에 실수가 없는 사람은 온몸을 다스릴 수 있는 온전한 사람입니다. 말을 부리려면, 그 입에 재갈을 물립니다. 그리하여 우리는 말의 온몸을 끌고 다닙니다. 보십시오. 배도 그렇습니다. 배가 아무리 커도, 또 거센 바람에 밀려도, 매우 작은 키로 조종하여, 사공이 가고자 하는 곳으로 끌고 갑니다. 이와 같이, 혀도 몸의 작은 지체이지만, 엄청난 일을 할 수 있다고 자랑을 합니다. 보십시오, 아주 작은 불이 굉장히 큰 숲을 태웁니다. 그런데 혀는 불이요, 혀는 불의의 세계입니다. 혀는 우리 몸의 한 지체이지만, 온몸을 더럽히며, 인생의 수레바퀴에 불을 지르고, 결국에는 혀도 게헨나의 불에 타버립니다. 들짐승과 새와 기는 짐승과 바다의 생물들은 어떤 종류든지 모두 사람이 길들이고 있으며 길들여 놓았습니다. 그러나 사람의 혀를 길들일 수 있는 사람은 아무도 없습니다. 혀는 걷잡을 수 없는 악이며, 죽음에 이르게 하는 독으로 가득 차 있습니다. 우리는 이 혀로 주님이신 아버지를 찬양하기도 하고, 또 이 혀로 하나님의 형상대로 지음을 받은 사람들을 저주하기도 합니다. 또 같은 입에서 찬양도 나오고 저주도 나옵니다. 나의 형제자매 여러분, 이렇게 해서는 안 됩니다. 샘이 한 구멍에서 단물과 쓴 물을 낼 수 있겠습니까? 나의 형제자매 여러분, 무화과나무가 올리브 열매를 맺거나, 포도나무가 무화과 열매를 맺을 수 있겠습니까? 마찬가지로 짠 샘은 단물을 낼 수 없습니다(야고보서 3:1-12).

언어가 없는 삶이 가능할까요? 음성과 글과 이미지로 표현되는 언어 없이 우리는 살아갈 수 없습니다. 하나님은 태초에 말씀으로 세상을 창조하셨으며, 사람에게는 특별한 선물인 언어를 주셨습니다. 인간은 언어적 존재입니다. 우리는 언어로 소통하며 대화합니다. 인류의 지식과 지혜는 언어를 통해 축적되고 전달되고 발전했습니다. 인류의 문명과 문화는 언어의 산물입니다. 더 나아가 우리의 영적 삶도 언어생활입니다. 우리는 말로 하나님의 말씀을 배웁니다. 우리는 말로 기도하며 찬양합니다. 말을 하지 않고는 믿음의 교제와 사랑을 나누며 소통하고 대화할 수 없습니다. 우리 중에 이렇듯 중요한 언어생활에 대해 만족하는 사람이 얼마나 될까요? 우리는 누구나 말을 잘하고 싶어합니다. 우리의 말이 항상 "경우에 알맞아서 은쟁반에 담긴 금사과"(잠 25:11)와 같기를 원합니다. 하지만 우리는 말 때문에 힘들고, 말로 상처받고, 말 때문에 분노할 때가 많습니다. 말, 어떻게 해야 할까요?

성경은 말합니다. "나의 형제자매 여러분, 여러분은 선생이 되려고 하는 사람이 많아서는 안 됩니다"(1절). 선생이 되려 하지 말라고 합니다. 무슨 뜻입니까? 교사는 직업적으로 사역적으로 말을 많이 할 수밖에 없습니다. 교사라기보다는 지도자로 보아도 좋습니다. 누군가를 가르치고 지도하는 일은 중요하고 보람 있는 일입니다. 그런데 자신은 행동하지 않으면서 말로만 가르치고 지도한다면 좋은 교사가 아닙니다. 말은 잘하지만, 말로만 그친다면 그 사람은 좋은 지도자가 아닙니다. 그뿐만 아니라 다른 사람까지 잘못된 길로 이끌게 됩니다. 그래서 배우는 사람에 대해 중대한 책임이 있는 교사는 '더 큰 심판을 받을 것'(1절)이라고 합니다. 야고보 사도는 말을 많이 하는 교사가 되는 것을 가볍게 여기지 말라고 합니다.

우리는 종종 말실수를 합니다. 다시 주워 담고 싶을 때가 많지만, 이미 엎지른 물입니다. 실수한 말은 되돌릴 수 없습니다. "우리는 다 실수를 많이 저지릅니다. 누구든지, 말에 실수가 없는 사람은 온몸을 다스릴 수 있는 온전한 사람입니다"(2절). 온전한 사람, 성숙한 사람은 말의 실수가 없는 사람이라고 할 수 있습니다. 말에 실수가 없는 사람이라면 온몸도 다스릴 수 있을 것입니다. 사람의 품격은 말에서 드러납니다. 성품이나 품격에서 '품品'은 입 구口 세 개가 모인 것입니다. 사람의 말이 쌓여서 품격을 형성하고 결정하기 때문입니다. 참된 믿음은 행동하는 믿음이고, 행동하는 믿음은 언어생활에서 드러나야 합니다.

언어는 우리 믿음의 성숙을 드러내는 매우 중요한 척도입니다. 과격한 말을 거침없이 하는 사람은 대체로 성격이 거칠고 공격적입니다. 남의 말을 잘하는 사람은 사람 사이를 이간질할 수 있습니다. 불평만 하는 사람은 불만으로 가득 차 있습니다. 말은 하는 사람의 인격을 드러내고, 믿음의 깊이를 드러냅니다. 우리의 말이 우리를 드러냅니다. 성도는 말을 잘해야 합니다. 성도는 말을 바르게 해야 합니다. 우리의 언어생활, 어떻게 해야 할까요?

말의 힘은 강력하다

우리는 말의 힘을 과소평가하면 안 됩니다. 말의 힘은 강력합니다. 말의 힘에 대해 잠언은 이같이 말합니다. "죽고 사는 것이 혀의 힘에 달렸으니 혀를 잘 쓰는 사람은 그 열매를 먹는다"(잠 18:21). 사람을 죽이고 살리는 것이 말이 가진 힘입니다. 말 한마디에 사람이 죽고 삽니다. 야고보 사도는 비유를 들어 쉽게 설명합니다.

"말을 부리려면, 그 입에 재갈을 물립니다. 그리하여 우리는 말의 온몸을 끌고 다닙니다. 보십시오. 배도 그렇습니다. 배가 아무리 커도, 또 거센 바람에 밀려도, 매우 작은 키로 조종하여, 사공이 가고자 하는 곳으로 끌고 갑니다. 이와 같이, 혀도 몸의 작은 지체이지만, 엄청난 일을 할 수 있다고 자랑을 합니다"(3-5절). 혀는 몸에서 아주 작은 지체이지만 엄청난 힘으로 큰일을 좌우합니다. 마치 말의 입에 물린 재갈과 같습니다. 야고보 사도 시대에 말馬은 중요한 운송 수단이고 강력한 무기였습니다. 사람은 조그만 재갈로 말을 조종하여 유익하게 사용합니다. 배는 어떻습니까? 대형 선박도 배 아래에 붙어 있는 조그만 키로 방향을 조종합니다.

재갈과 키는 작은 것이지만 큰 힘을 통제합니다. 사람의 혀도 작은 지체이지만, 온몸의 방향과 힘을 결정합니다. 말은 인생의 항로를 결정하며, 사람의 품위와 깊이를 형성하고 드러냅니다. 작은 혀에는 우리의 삶과 신앙을 결정짓는 강력한 힘이 있습니다. 그래서 우리는 혀를 잘 사용해야 합니다. 때때로 잘못 사용한 말은 엄청난 결과를 가져옵니다.

"보십시오, 아주 작은 불이 굉장히 큰 숲을 태웁니다. 그런데 혀는 불이요, 혀는 불의의 세계입니다. 혀는 우리 몸의 한 지체이지만, 온몸을 더럽히며, 인생의 수레바퀴에 불을 지르고, 결국에는 혀도 게헨나의 불에 타버립니다" (5-6절). 걷잡을 수 없는 산불은 큰 숲을 모두 태워 버립니다. 산불은 아주 작은 불씨에서 시작됩니다. 산불은 삼림의 손실과 자연 파괴는 물론 문화유산을 불태우고 어마어마한 인명과 재산 피해를 남깁니다.

작은 불씨는 우리의 혀입니다. 잘못 사용한 혀는 이처럼 파괴적입니다. 우리의 부주의한 작은 한마디가 누군가의 삶을 파괴하며, 공동체를 혼란에 빠뜨리기도 합니다. 누군가에게 들었던 한마디 말이 평생 지울 수 없는 큰 상처가 되기도 합니다. 혀의 힘은 강력합니다. 어떻게 사용하느냐에 따라서 좋은 열매를 맺을 수도 있고, 파괴적인 결과가 생길 수도 있습니다.

혀를 길들이는 것은

그렇다면 작지만 강력한 우리의 혀를 어떻게 해야 할까요? 우리의 혀를 길들일 수 있을까요? 야고보 사도는 말합니다. "들짐승과 새와 기는 짐승과 바다의 생물들은 어떤 종류든지 모두 사람이 길들이고 있으며 길들여 놓았습니다. 그러나 사람의 혀를 길들일 수 있는 사람은 아무도 없습니다. 혀는 걷잡을 수 없는 악이며, 죽음에 이르게 하는 독으로 가득 차 있습니다"(7-8절). 만물의 영장인 사람은 야생 동물을 조련하고 길들이고 다스렸습니다. 힘차고 쾌활하게 들판을 달리는 말도 길들인 것입니다. 집에서 키우는 반려 동물도 그렇습니다. 그런데 혀를 길들일 수 있는 사람은 아무도 없습니다. 우리가 혀를 통제하고 바르고 유익하게 사용할 희망이 없다는 것일까요?

이는 우리의 혀를 길들이고 바르게 사용하며 통제하는 것이 정말 힘들다는 뜻입니다. 우리의 언어는 짧은 시간에 쉽게 길들일 수 없습니다. 우리의 혀는 타락한 죄의 독으로 가득하기 때문입니다. 우리의 언어를 순화하고 다스리고 길들이는 것이 우리에게 정말 중요한 영적 성숙의 영역임을 강조한 것입니다.

혀를 길들인다는 것은 우리의 말이 통제되는 것을 의미합니다. 통제되지 않는 말은 고삐 풀린 망아지이고, 걷잡을 수 없는 산불이 되기 때문에 혀를 길들이는 것은 우리의 삶에서 매우 중요한 일입니다. 솔로몬왕은 "적절한 대답은 사람을 기쁘게 하니, 알맞은 말이 제때에 나오면 참 즐겁다"(잠 15:23)라는 잠언을 남겼습니다. 혀를 길들이는 것은 상황에 적절한 말을 하며, 알맞은 말을 제때 하는 것입니다. 거룩한 언어 습관이 일상 속에서 자연스럽게 나타나는 것입니다. 혀를 길들이기 위해서는 근원부터 다스려야 합니다. 말의 근원은 바로 우리의 마음입니다.

"입으로 들어가는 것이 사람을 더럽히는 것이 아니라, 입에서 나오는 것, 그것이 사람을 더럽힌다. 입에서 나오는 것들은 마음에서 나오는데, 그것들이 사람을 더럽힌다. 마음에서 악한 생각들이 나온다"(마 15:11, 18-19). 말은 우리의 마음에서 나옵니다. 혀를 길들이는 것은 우리의 마음을 다스리는 것에서 시작됩니다. 우리의 마음에 감사가 가득하면 찬양이 나옵니다. 사랑이 가득하면 친절하고 따뜻한 말을 합니다. 진리가 가득하면 진실한 말을 합니다. 교만이 가득하면 비판과 정죄의 말을 합니다. 두려움이 가득하면 염려의 말을 합니다. 시기가 가득하면 질투의 말을 합니다. 말은 마음에서 시작됩니다.

우리는 먼저 우리의 마음을 주님께 드려야 합니다. 마음에 가득한 죄를 회개하며 끊임없이 십자가의 은혜를 구하고 의지해야 합니다. 회개하고 거듭난 우리의 마음에 성령님이 거하실 때, 우리는 성령님을 통해 사랑, 기쁨, 화평, 인내, 친절, 선함, 신실, 온유, 절제의 열매가 말을 통해 풍성하게 넘치는 삶으로 성숙하게 될 것입니다.

믿음과 언어는 하나

야고보 사도가 말하려는 것이 바로 신언일치信言一致입니다. 우리의 믿음과 언어는 하나라는 것입니다. 그런데 우리에게 문제가 있습니다. "우리는 이 혀로 주님이신 아버지를 찬양하기도 하고, 또 이 혀로 하나님의 형상대로 지음을 받은 사람들을 저주하기도 합니다. 또 같은 입에서 찬양도 나오고 저주도 나옵니다. 나의 형제자매 여러분, 이렇게 해서는 안 됩니다. 샘이 한 구멍에서 단물과 쓴 물을 낼 수 있겠습니까? 나의 형제자매 여러분, 무화과나무가 올리브 열매를 맺거나, 포도나무가 무화과 열매를 맺을 수 있겠습니까? 마찬가지로 짠 샘은 단물을 낼 수 없습니다"(9-12절). 우리의 입이 찬양과 저주로 뒤섞여 있고, 단물과 쓴 물이 뒤섞여 있고, 엉뚱한 열매를 맺습니다. 이것은 믿음과 언어가 불일치한 모습입니다. 무화과나무가 올리브 열매를 맺을 수 없습니다. 샘이 한 구멍에서 단물과 쓴 물을 낼 수 없듯이 믿음과 언어는 하나입니다. 우리의 믿음은 언어생활과도 일치해야 합니다. 우리의 말이 우리의 믿음을 드러내려면 어떻게 해야 할까요?

부정적인 말 제거하기

야고보 사도는 말의 실수가 많다고 했습니다. 우리는 말에서 실수를 줄이고 제거해야 합니다. 말의 실수란 불필요하고 부정적이고 악한 말을 의미합니다. 말의 힘을 부정적으로 사용하지 않아야 합니다. 악한 말에는 핵무기보다 더 강한 파괴력이 있습니다. 때때로 부주의한 말 한마디가 한 사람의 일생을 파괴하기도 하고, 평생에 지울 수 없는 상처를 남기기도 합니다. 너무도 많은 사람이 눈에 보이지 않는 말의 흉기로 상처와 고통을 줍니다. 언어가 폭력과 파괴의 무기가 되지 않도록 항상 조심하고 기도해야 합니다. 우리는 모두 말의 피해자이면서 가해자임을 잊어서는 안 됩니다.

바울 사도는 말합니다. "음행이나 모든 더러운 행위나

탐욕은 그 이름조차도 여러분의 입에 담지 마십시오. 그렇게 하는 것이 성도에게 합당한 것입니다. 더러운 말이나 어리석은 말, 또는 상스러운 농담은 여러분에게 어울리지 않습니다. 오히려 여러분은 감사에 찬 말을 하십시오"(엡 5:3-4). 성도에게는 해야 할 말과 하지 말아야 할 말이 있습니다. 말에는 힘이 있습니다. 음행, 더러움, 탐욕, 어리석음, 상스러운 농담은 믿음의 사람과 어울리지 않습니다. 우리의 입은 구별되어야 합니다.

감사와 축복의 말 하기

부정적인 말을 제거할 뿐만 아니라, 감사와 축복의 말을 많이 하십시오. 믿음의 성장은 언어의 무기를 축복의 도구 바꾸는 삶입니다. 말은 영향력입니다. 말은 하는 사람과 듣는 사람의 현재와 미래에 큰 영향을 미칩니다. 부모와 자녀 간에, 부부 사이에, 성도들 사이에, 교사와 학생 사이에서 말은 엄청난 영향을 미칩니다.

구약 시대의 사람들은 축복하는 말의 힘을 잘 알고 있었습니다. 아버지가 자녀에게 남기는 축복의 말은 소중한 유언이었으며, 모든 자녀는 아버지의 축복을 자신과 가족의 미래에 성공과 번영과 형통을 가져올 하나님의 약속으로 받았습니다. 이삭의 쌍둥이 아들인 에서와 야곱 사이에 일어난 갈등과 고통은 복과 저주가 아버지의 유언으로 결정된다는 믿음 때문에 일어난 일입니다. 우리도 믿음의 조상들처럼 축복할 수 있습니다. 우리의 말이 우리 자신과 자녀와 이웃과 성도의 삶에 놀라운 영향을 끼칩니다. 항상 감사와 축복의 말을 해야 합니다. 복의 말은 복의 열매를 맺습니다.

지혜롭게 말하기

"여러분 가운데서 지혜 있고 이해력이 있는 사람이 누구입니까?"(약 3:13). 야고보 사도는 믿음과 언어에 관해 말하면서 우리의 삶이 지혜로운지를 묻습니다. 잠언은 말합니다. "부드러운 대답은 분노를 가라앉히지만, 거친 말은 화를 돋운다. 지혜로운 사람의 혀는 좋은 지식을 베풀지만, 미련한 사람의 입은 어리석은 말만 쏟아낸다"(잠 15:1-2). 지혜로운 말은 상처 난 마음을 치유하고 분노를 가라앉힙니다. 지혜로운 말은 지식을 더하고 풍성하게 합니다. 지혜로운 말을 하기 위해 늘 지혜의 성령님을 의지해야 하고 자신의 말을 가꾸어야 합니다.

다윗은 이렇게 기도했습니다. "누가 주님의 거룩한 산에 머무를 수 있겠습니까? 깨끗한 삶을 사는 사람, 정의를 실천하는 사람, 마음으로 진실을 말하는 사람, 혀를 놀려 남의 허물을 들추지 않는 사람, 친구에게 해를 끼치지 않는 사람, 이웃을 모욕하지 않는 사람, 하나님을 업신여기는 자를 경멸하고 주님을 두려워하는 사람을 존경하는 사람입니다"(시 15:1-4). 하나님의 자녀는 지혜로운 마음으로 진실을 말하며, 남의 허물을 들추지 않으며, 친구에게 해를 끼치지 않으며, 이웃을 모욕하지 않습니다.

말의 온도를 따뜻하게 올리고, 피차 덕을 세우는 말을 하고, 다른 사람을 격려하고 칭찬합시다. 들은 것을 확인도 하지 않고 옮기지 맙시다. 무시하고 비난하고 비교하는 말은 하지 말고 항상 교회와 공동의 선을 위해 말합시다. 하지 않아도 될 말은 하지 맙시다. 말은 씨가 됩니다. 자신이 뿌린 말의 씨앗이 어떤 열매를 맺을지 생각하면 우리는 좀 더 지혜롭게 말할 수 있습니다.

비평을 많이 하면 아이들은 정죄를 배웁니다. 수치심을 주는 말을 하면 죄책감을 느끼며 자랍니다. 칭찬을 많이 하면 감사를 배웁니다. 격려의 말을 많이 하면 자신감을 가집니다. 사랑의 말을 많이 하면 긍정적인 자아를 형성합니다. 인정하는 말을 하면 자존감이 높아집니다. 용서와 용납의 말을 하면 아이들은 남을 받아들이고 사랑할 줄 알게 됩니다.

신앙생활은 언어생활입니다. 진실하고 거룩한 입술로 하나님을 기쁘시게, 사람을 복되게, 세상을 평화롭게 하는 행복한 성도, 건강한 교회가 되어야 합니다. 다윗은 이같이 말합니다. "여호와여, 내 입에 경비병을 세우시고 내 입술의 문을 지키소서"(시 141:3).

9장

지혜가 으뜸이다

여러분 가운데서 지혜 있고 이해력이 있는 사람이 누구입니까? 그러한 사람은 착한 행동을 하여 그의 행실을 나타내 보이십시오. 그 일은 지혜에서 오는 온유함으로 행하는 것이어야 할 것입니다. 여러분의 마음속에 지독한 시기심과 경쟁심이 있으면 자랑하지 말고, 진리를 거슬러 속이지 마십시오. 이러한 지혜는 위에서 내려온 것이 아니라, 땅에 속한 것이고, 육신에 속한 것이고, 악마에게 속한 것입니다. 시기심과 경쟁심이 있는 곳에는 혼란과 온갖 악한 행위가 있습니다. 그러나 위에서 오는 지혜는 우선 순결하고, 다음으로 평화스럽고, 친절하고, 온순하고, 자비와 선한 열매가 풍성하고, 편견과 위선이 없습니다. 정의의 열매는 평화를 이루는 사람들이 평화를 위하여 그 씨를 뿌려서 거두어들이는 열매입니다(야고보서 3:13-18).

다윗은 하나님의 마음에 합한 사람입니다. 그런 그도 왕이 되기까지 수많은 어려움과 위기를 겪었고 이겨내야 했습니다. 그에게는 지혜가 필요했습니다. 다윗이 왕이 되기 전 6백 명의 부하와 가족들을 이끌며 마온이라는 지방에 거주할 때였습니다. 다윗은 이곳에 머무는 동안 도적을 막아주었을 뿐만 아니라 엄청난 부자 나발은 물론이고 그곳 사람들의 재산도 보호해 주었습니다. 어느 날 나발이 양털을 깎는다는 소식을 들은 다윗은 부하들을 보내 경제적 도움을 부탁했습니다. 하지만 나발은 "도대체 다윗이란 자가 누구며, 이새의 아들이 누구냐?"고 다윗을 조롱하고 도와주지 않았습니다.

이 소식을 들은 다윗은 군사 2백 명을 이끌고 나발을 치러 올라갔습니다. 이때 나발의 일꾼 중 한 명이 나발의 아내 아비가일에게 다윗이 그동안 큰 도움을 주었음에도 나발이 다윗의 요청을 거절해서 앙갚음할 것이라고 알려 주었습니다. 그러자 아비가일은 급히 빵과 고기와 포도주 등 넉넉한 음식을 준비해서 여러 마리 나귀에 싣고 산굽이를 내려가다가 군사를 이끌고 올라오는 다윗을 만납니다. 아비가일은 나귀에서 내려 얼굴을 땅에 대고 절하면서 말합니다. "죄는 저에게 있습니다. 나의 몹쓸 남편 나발에게 마음을 쓰지 마십시오. 그 사람은 정말 이름 그대로 못된 사람입니다. 이 선물은 장군님을 따르는 젊은이들에게 주라고 가져온 것입니다. 이 종의 허물을 용서해 주시기 바랍니다. 주님께서 장군님을 이스라엘의 영도자로 세워 주실 터인데, 공연히 사람을 죽여 마음에 걸리는 일이 없기를 바랍니다."(삼상 25장)

아비가일의 용감하고 지혜로운 행동에 감동한 다윗은 복수의 마음을 버리고 아비가일에게 평안히 집으로 돌아가라고 말한 후, 자신도 오던 길로 돌이켜 돌아갑니다. 이런 일이 일어나는 동안 나발은 술에 취해 잠들었다가 다음 날 아침에 알게 되었고 심장이 멎어 열흘쯤 후에 죽고 말았습니다. 아비가일의 지혜로움에 감동한 다윗은 후에 그를 아내로 맞아들입니다.

목회하면서 항상 부족하게 느끼는 것이 있습니다. 바로 지혜입니다. 지혜롭게 말하고 싶고, 지혜롭게 상담하고 싶고, 지혜롭게 목회하고 싶습니다. 그래서인지 종종 어떤 일이 있은 후에 지혜롭게 하지 못했다는 생각이 들면 마음이 매우 힘들어집니다. 아비가일처럼 지혜롭고, 룻처럼 지혜롭고, 에스더처럼 지혜로워지고 싶습니다.

우리가 행동하는 믿음으로 살아갈 때 매우 중요한 것이 지혜입니다. 예수님은 제자들을 파송하시면서 "뱀 같이 지혜롭고 비둘기 같이 순결하라"(마 10:16)고 말씀하셨습니다. 성숙한 믿음과 지혜는 한몸입니다. 우리의 믿음이 깊어지고 성숙한 성도가 된다는 것은 곧 지혜로운 성도가 된다는 것입니다.

야고보 사도는 말합니다. "여러분 가운데서 지혜 있고 이해력이 있는 사람이 누구입니까? 그러한 사람은 착한 행동을 하여 그의 행실을 나타내 보이십시오. 그 일은 지혜에서 오는 온유함으로 행하는 것이어야 할 것입니다"(13절). 이는 이런 의미입니다. "여러분 가운데 지혜와 총명이 있다고 생각하는 사람이 있다면, 삶으로 보여 주십시오. 착한 행동과 온유함으로 보여 주십시오."

지혜는 많이 배우고 좋은 대학을 졸업했는가와 아무 상관이 없습니다. 지혜소피아는 지식이나 정보가 아니라 일상의 삶에서 드러나는 슬기로움입니다. 지혜는 성품과 깊이 연결되어 있습니다. 사람은 지식만 많아지면 교만해집니다. 그러나 지혜로워지면 더욱 겸손해집니다. 우리가 살면서 겪는 많은 어려움은 지식이 부족해서가 아니라 지혜가 부족하기 때문입니다.

땅에 속한 거짓 지혜

야고보 사도는 지혜를 두 가지로 대비하여 설명합니다. 땅에 속한 지혜와 하늘에 속한 지혜, 곧 거짓 지혜와 참된 지혜입니다. 먼저 거짓 지혜에 관해 말합니다. 지혜라고 다 좋은 것이 아니며, 거짓되고 악한 지혜가 있다고 합니다. 무엇이 거짓 지혜일까요? 거짓 지혜의 실체는 무엇일까요?

"여러분의 마음속에 지독한 시기심과 경쟁심이 있으면 자랑하지 말고, 진리를 거슬러 속이지 마십시오"(14절). 거짓 지혜는 지독한 시기심입니다. '시기심'은 남이 잘되는 것을 질투하고 미워하는 것입니다. 시기심젤론의 의미는 열심과 질투입니다. 시기심은 자기 사랑과 자기주장을 지나치게 열심히 하는 까닭에 다른 사람의 성취와 성공을 질투하고 미워하는 마음입니다. 이런 사람들은 세상에서 많이 배우고 뛰어나고 지혜롭게 보이는 경우가 많습니다. 말도 잘하고 몸담고 있는 분야에서 전문가입니다. 그러나 항상 자기중심적이어서 다른 사람이 잘되는 것을 질투합니다. 그러니 이는 거짓 지혜일 수밖에 없습니다. 지식과 열심이 참 지혜로 연결되지 못한 것입니다.

거짓 지혜는 경쟁심으로 가득합니다. 여기서 '경쟁심'은 이기적인 야망에 가득 차서 갈등과 다툼을 일으키는 것입니다. 이런 사람은 자기 의로움에 강하게 사로잡혀 있습니다. 자기 주장과 뜻을 관철하기 위해 상대를 공격하고 비난하여 관계를 깨뜨리고 갈등을 일으킵니다. 이런 사람은 항상 관계를 힘들게 합니다. 공동체의 유익함보다 자기주장을 앞세웁니다. 이런 사람들이 세상에서는 성공하고 큰 성취를 이루기도 합니다. 하나님의 영광이 목적이 아니라 자신의 성취가 목적입니다. 세상에서는 지혜롭게 보이겠지만 거짓 지혜입니다.

거짓 지혜는 어디서 온 것일까요? "이러한 지혜는 위에서 내려온 것이 아니라, 땅에 속한 것이고, 육신에 속한 것이고, 악마에게 속한 것입니다"(15절). 거짓 지혜는 땅의 불의한 가치, 육신의 정욕, 악마에게서 옵니다. 거짓 지혜는 인간의 타락한 본성과 연결되어 있습니다. 하나님을 거부하고 자기중심적이며 모든 행동이 이기적인 동기에서 나옵니다. 이런 지혜는 악하고 거짓된 것입니다. 야고보 사도는 "시기심과 경쟁심이 있는 곳에는 혼란과 온갖 악한 행위가 있다"(16절)고 말합니다. 거짓 지혜의 열매는 혼란과 온갖 악한 행위입니다. 참된 지혜가 부족하면 우리의 삶과 공동체에 혼란과 불의와 다툼이 생길 뿐입니다.

위에서 오는 지혜

야고보 사도가 땅의 지혜를 말한 이유는 위에서 오는 지혜, 곧 하늘의 지혜를 분명하게 보여 주기 위해서입니다. 위에서 온다는 것은 하나님에게서 온다는 뜻입니다. 그러면 우리에게 필요한 하늘의 지혜는 무엇일까요? 사도는 구체적으로 제시합니다.

순결

"위에서 오는 지혜는 우선 순결하고"(17절). 순결하다는 말은 '오염되지 않고 순수하고 진실하다'라는 말입니다. 요한 사도는 예수님은 '깨끗하신' 분(요일 3:3)이라고 했는데 같은 말입니다. 순결은 예수님의 성품입니다. 우리의 믿음이 진실하다면 순결한 모습으로 드러나야 합니다. 하늘의 지혜를 가진 사람은 거짓말을 하지 않습니다. 남을 속이지 않습니다. 남을 이용하지 않습니다. 순결한 지혜로 사는 사람은 겉과 속이 같고 깨끗한 삶을 살기에 신뢰와 존경으로 인간관계를 맺습니다.

지혜서로 불리는 잠언에서 말합니다. "흠 없이 살면 앞길이 평안하다"(잠 10:9). 흠 없이 순결한 지혜로 사는 사람은 인생의 길이 평안합니다. 그의 말과 행동은 항상 진실해서 자신의 거짓되고 숨겨진 모습이 드러날까 봐 두려워하거나 걱정할 필요가 없습니다. 하늘의 지혜는 순결합니다.

평화

"다음으로 평화스럽고"(17절). 하늘의 지혜로 사는 사람의 삶은 평화롭습니다. 다툼 거리를 찾지 않습니다. 논쟁을 즐기지 않습니다. 평화를 사랑하고 갈등을 피합니다. 지혜로운 사람은 평화를 갉아먹는 분노를 잘 다스립니다. "다툼을 멀리하는 것이 자랑스러운 일인데도, 어리석은 사람은 누구나 쉽게 다툽니다"(잠 20:3). 지혜롭지 못한 사람은 쉽게 다툽니다. 분노와 다툼이 일어나지 않도록 우리는 지혜롭게 말하고 행동해야 합니다.

어떤 상황에서도 비교하지 마십시오. 비교하는 말은 서로의 마음에 상처를 주며 평화를 깨뜨립니다. 어떤 일이든 다른 사람에게 책임을 전가하거나 비난하지 마십시오. 누군가를 탓하는 것은 평화를 파괴하고 갈등이 악화될 뿐입니다. 사람이나 상황을 탓하면 어떤 문제도 해결되지 않습니다. 아무리 자신이 옳을지라도 조급하게 감정적으로 반응하지 마십시오. 좀처럼 화를 내지 않는 사람이 지혜롭습니다. 그러나 성미가 급한 사람은 자기의 어리석음을 나타낼 뿐입니다(잠 14:29).

사려 깊음

'친절하고'(17절)에는 남을 생각하고 너그러운 마음으로 배려한다는 뜻이 담겨 있습니다. 사려 깊은 지혜는 다른 사람의 느낌과 상황에 공감할 줄 아는 것입니다. 하늘의 지혜를 가진 사람은 상대방의 작은 부분이라도 과소평가하지 않고 이해하려고 애쓰며, 사려 깊게 생각합니다. 다른 사람의 마음과 아픔과 감정을 생각하고 배려할 줄 압니다. 배려는 우리 자신을 기쁘고 평화롭게 합니다. 매사에 배려하며 사려 깊은 것이 하늘의 지혜입니다.

온순

신약에서 '온순하고 유페이쎄스'(17절)라는 낱말은 오직 이곳에만 나타납니다. '온순'은 일반적으로 생각하듯이 단지 순하다는 뜻이 아니라, '합리적인 생각을 하면서 열린 마음으로 대하는 것'입니다. 온순은 긍정적이고 순종하는 마음입니다. 잘 받아들이고, 잘 배웁니다. 어리석은 사람은 자신의 행실만이 옳다고 여기지만, 지혜로운 사람은 충고에 귀를 기울입니다(잠 12:15). 바로 이것이 온순한 지혜입니다. 지혜로운 성도는 권고를 잘 듣습니다, 항상 배우려는 열린 마음을 가지고, 누가 자신에 대해 말할 때 감사함으로 받아들일 줄 압니다. 지나치게 자기방어를 하지 않습니다. 우리는 모두 불완전하고 실수를 합니다. 자기방어만 하면 성숙하지 못합니다. 기꺼이 비판을 수용하고, 실수에서 배우고, 권고에 귀 기울일 줄 아는 것이 온순함입니다.

풍성한 자비와 선한 열매

하늘의 지혜는 '자비와 선한 열매가 풍성'(17절)합니다. 자비는 긍휼한 마음입니다. 긍휼함은 다른 사람의 실수, 아픔, 고통, 어려움 등을 자신의 것처럼 생각하고 품어 주고 도와주는 것입니다. 긍휼은 하나님의 성품입니다. 예수 그리스도의 십자가의 은혜로 우리의 죄를 씻어 주시고 품어 주신 사랑이 긍휼입니다. 다른 사람의 실수와 잘못을 기억하고 마음에 쌓아 두지 않습니다. 누군가의 약점과 잘못을 계속 끄집어내고 떨쳐 버리지 못하면 모든 인간관계가 힘들어질 뿐입니다. 지혜로운 성도는 주님을 닮아 자비로운 마음으로 사람을 대합니다. 허물을 덮어 주면 사랑을 받고, 허물을 거듭 말하면 친구를 갈라놓을 뿐입니다(잠 17:9). 이런 삶에는 선한 열매가 가득합니다. 선한 열매는 하늘의 열매입니다. 성령의 열매입니다. 우리가 서로 자비로우며 긍휼의 마음으로 살 때 사랑, 기쁨, 친절, 만족, 신실함, 절제와 같은 온갖 좋은 열매가 풍성해집니다.

편견과 위선이 없다

편견과 위선이 없습니다(17절). 편견은 바르지 못하고 한쪽으로 치우친 생각입니다. 공정하지 못한 생각입니다. 바울 사도는 디모데에게 편지하면서 어떤 일이든지 공평하게 편견 없이 처리하라고 했습니다(딤전 5:21). 우리의 삶이 한쪽으로 치우치고 공정하지 못하면 삶의 폭이 좁아집니다. 다양함과 풍성함을 누릴 수 없습니다. 편견에 빠진 교회는 하나님의 뜻을 분별하지 못하며, 바른길로 나아가지 못합니다. 하나님의 지혜를 보지 못합니다. 우리 모두에게는 편견이 있습니다. 이 편견을 하늘의 지혜로 계속해서 깨뜨려야 합니다.

위선은 겉으로만 착한 체하는 것입니다. 위선은 가면을

쓴 것과 같아서 겉과 속이 다릅니다. 지혜로운 성도는 자신을 가장하지 않습니다. 가면을 가지고 다니면서 상황에 따라 얼굴을 바꾸지 않습니다. 말과 마음이 언제나 한결같습니다. 우리는 완전한 척할 필요가 없습니다. 우리는 문제없이 모든 것이 잘되는 척할 필요도 없습니다. 우리 모두 하늘의 지혜를 지닌 믿음의 성도가 되어 자비의 마음으로 품어 주고, 덮어 주고, 안아 주고, 위로하며 돕고 사랑하면 됩니다. 우리는 편견과 위선이 설 곳이 없는 어머니의 품과 같은 교회로 성숙해야 합니다.

하늘의 지혜를 얻으려면

어떻게 하늘의 지혜를 얻을 수 있을까요? 지식은 교육으로 얻을 수 있습니다. 그러나 지식이 지혜는 아닙니다. 지식은 지혜로 깊어져야 합니다. 지식은 이성을 통해 오지만, 지혜는 마음의 감동과 경험과 깨달음을 통해 옵니다. 하늘의 지혜는 하나님의 은혜와 성령님의 감동을 통해 주시는 선물입니다. 우리는 지혜의 선물을 받기 위해 힘써야 합니다.

"지혜에 네 귀를 기울이고, 명철에 네 마음을 두어라. 슬기를 외쳐 부르고, 명철을 얻으려고 소리를 높여라. 은을 구하듯 그것을 구하고, 보화를 찾듯 그것을 찾아라. 그렇게 하면, 너는 주님을 경외하는 길을 깨달을 것이며, 하나님을 아는 지식을 터득할 것이다. 주님께서 지혜를 주시고, 주님께서 친히 지식과 명철을 주시기 때문이다"(잠 2:2-6).

우리는 하나님의 말씀을 통해서 지혜를 얻습니다. 하나님을 알고 경외하는 것이 모든 지혜의 근본입니다(잠 1:7). 성경은 하늘의 지혜를 주시는 하나님의 말씀입니다. 말씀을 가까이하고, 말씀을 사랑하고, 말씀을 묵상하고, 말씀을 잘 먹어야 합니다. 그러면 말씀의 우물에서 지혜를 길어 올리는 행복한 성도가 될 것입니다.

우리는 기도를 통해 지혜를 얻습니다. "여러분 가운데 누구든지 지혜가 부족하거든 아낌없이 주시고 나무라지 않으시는 하나님께 구하십시오. 그러면 받을 것입니다"(약 1:5). 부족함 없이 후히 주시는 하나님께 지혜를 구하면 됩니다. 하나님은 우리가 지혜롭기를 원하십니다. 우리가 구하면 하나님은 지혜를 풍성하게 주실 것입니다.

"그리스도 안에는 모든 지혜와 지식의 보화가 감추어져 있습니다"(골 2:3). 그리스도 안에 모든 지혜가 감추어져 있습니다. 예수님은 지혜의 근원입니다. 우리는 말씀을 통해 그리스도를 알고, 기도를 통해 주님과 친밀해집니다. 말씀과 기도를 통해 예수님을 삶의 중심에 모시고, 감추어진 지혜를 찾는 기쁨이 넘치게 됩니다.

하늘의 지혜로 사는 삶의 열매는 의롭고 평화롭습니다. "정의의 열매는 평화를 이루는 사람들이 평화를 위하여 그 씨를 뿌려서 거두어들이는 열매입니다"(18절). 지혜의 씨를 많이 뿌립시다. 정의와 평화의 열매를 풍성히 거둡시다. 주님의 말씀과 인도하심에 순종하며, 하늘의 지혜로 정의와 평화가 풍성한 삶을 누리는 복된 성도가 됩시다.

10장
평화로운 세상 만들기

무엇 때문에 여러분 가운데 싸움이나 분쟁이 일어납니까? 여러분의 지체들 안에서 싸우고 있는 육신의 욕심에서 생기는 것이 아닙니까? 여러분은 욕심을 부려도 얻지 못하면 살인을 하고, 탐내어도 가지지 못하면 다투고 싸웁니다. 여러분이 얻지 못하는 것은 구하지 않기 때문이요, 구하여도 얻지 못하는 것은 자기가 쾌락을 누리는 데에 쓰려고 잘못 구하기 때문입니다. 간음하는 사람들이여, 세상과 벗함이 하나님과 등지는 일임을 알지 못합니까? 누구든지 세상의 친구가 되려고 하는 사람은 하나님의 원수가 되는 것입니다. "하나님께서는 우리 안에 살게 하신 그 영을 질투하실 정도로 그리워하신다"라는 성경 말씀을 여러분은 헛된 것으로 생각합니까? 그러나 하나님께서는 더 큰 은혜를 주십니다. 그러므로 성경에 이르기를 "하나님께서는 교만한 자들을 물리치시고, 겸손한 사람들에게 은혜를 주신다" 하고 말합니다. 그러므로 하나님께 복종하고, 악마를 물리치십시오. 그리하면 악마는 달아날 것입니다. 하나님께로 가까이 가십시오. 그리하면 하나님께서 가까이 오실 것입니다. 죄인들이여, 손을 깨끗이 하십시오. 두 마음을 품은 사람들이여, 마음을 순결하게 하십시오. 여러분은 괴로워하십시오. 슬퍼하십시오. 우십시오. 여러분의 웃음을 슬픔으로 바꾸십시오. 기쁨을 근심으로 바꾸십시오. 주님 앞에서 자신을 낮추십시오. 그리하면 주님께서 여러분을 높여주실 것입니다(야고보서 4:1-10).

2019년 통계에 의하면 우리나라는 OECDOrganization for Economic Cooperation and Development 국가 중에서 갈등 지수가 세 번째로 높은 나라입니다. 한국 사회는 정치 갈등, 이념과 진영 갈등, 노사 갈등, 세대 갈등, 젠더 갈등으로 몸살을 앓고 있습니다. 더 심각한 것은 우리나라의 갈등 관리 지수는 조사한 30개국 중에서 27위로 멕시코, 이스라엘, 폴란드, 튀르키예와 비슷하다는 것입니다. 갈등 관리가 제대로 되지 않는 한국을 가리켜 '갈등 공화국'으로 부르기도 합니다. 우리는 자신도 모르는 사이에 갈등에 적응해 가고 있으며 해결하려는 의지와 능력은 점점 사라지고 있는 것 같습니다.

갈등은 우리의 삶에서 좋은 것은 모두 빼앗아 갑니다. 평화로운 삶, 안정된 삶, 이해와 관용, 섬김과 사랑의 마음을 조금씩 허물어 갑니다. 친밀하고 하나가 되었던 모든 관계가 허물어집니다. 갈등과 다툼은 언제나 파괴적이며 모두를 불행하게 만듭니다.

다툼의 근원

야고보 사도는 이 껄끄러운 주제를 끄집어내서 묻습니다. "무엇 때문에 여러분 가운데 싸움이나 분쟁이 일어납니까?"(1절) 우리를 불행하게 하는 갈등과 다툼은 도대체 어디서 오는 것일까요? 야고보 사도는 물음과 동시에 답을 말합니다. "여러분의 지체들 안에서 싸우고 있는 육신의 욕심에서 생기는 것이 아닙니까?"(1절) 야고보 사도는 심리학자들이 오랫동안 연구하고 상담하고 애써 얻어낸 결론을 이미 영적인 지혜로 꿰뚫어 보고 있습니다. 다툼의 원인은 바로 육신의 욕심입니다. 사람은 각자의 이기심에 사로잡혀 욕심을 채우려 할 때 갈등하고 다툽니다. 그렇다면 갈등을 일으키는 '육신의 욕심'은 구체적으로 무엇일까요?

소유의 욕심

야고보 사도는 우리 안에 있는 소유의 욕심, 곧 탐심에서 갈등이 시작된다고 합니다. 우리 모두에게는 소유의 욕구가 있습니다. 이것이 첫 번째 원인입니다.

"여러분은 욕심을 부려도 얻지 못하면 살인을 하고, 탐내어도 가지지 못하면 다투고 싸웁니다"(2절). 우리는 무엇이든 소유하기 원하며 점점 소유에 집착하게 됩니다. 사실 소유의 욕구 자체가 악한 것은 아닙니다. 하나님은 우리에게 소유의 욕구를 주셨습니다. 소유의 욕구가 없다면 우리는 살아갈 수 없습니다. 물질의 욕구, 지식의 욕구, 명예의 욕구, 건강의 욕구, 전도의 욕구, 사랑의 욕구 등 하나님이 주신 욕구가 우리의 삶을 가능하게 합니다. 우리는 욕구가 있기 때문에 추구하며, 추구하기에 발전하고 성취합니다.

그런데 문제는 '육신의 욕심'입니다. 하나님이 주신 욕구가 육신의 욕심과 탐심으로 바뀔 때 다툼의 원인이 됩니다. 하나님께서 우리에게 다양한 욕구를 주신 이유는 그것들을 추구하고 얻어서 건강하고 정의롭고 평화로운 사랑의 삶을 살고 기쁨과 만족을 누리라고 주셨습니다. 그것이 재물이든, 지식이든, 기술이든, 재능이든, 특별한 능력이든 이것을 통해 삶의 가치와 질을 높이고 하나님의 뜻을 따라 바르고 거룩한 삶을 이루는 것입니다. 그러나 욕구가 욕심으로 변질되면 소유가 목적이 됩니다. 서로 소유하려고 하며 소유에 집착합니다. 그러니 갈등과 다툼이 일어날 수밖에 없습니다.

하나님을 사랑하고 이웃을 사랑하기 위해 소유하는 것이 아니라, 재물을 사랑하고 소유하기 위해 하나님과 사람을 이용하게 됩니다. 결국 수단과 방법을 가리지 않는 탐욕은 갈등과 다툼을 일으키며 온갖 상처를 만들어 냅니다. 소유의 욕심은 불행한 삶, 불행한 사회를 만들 뿐입니다.

감각의 욕심

두 번째 원인은 감각의 욕심입니다. "구하여도 얻지 못하는 것은 자기가 쾌락을 누리는 데에 쓰려고 잘못 구하기 때문입니다"(3절). 사람이 오직 자신의 감각적인 쾌락만을 구할 때 다툼이 일어납니다.

하나님은 우리가 기쁘고 행복하게 살기를 원하십니다. 우리가 하나님의 자녀가 되고, 예수님을 따르는 제자가 되는 것은 고난과 고행과 무거운 율법의 짐을 지고 살아가는 것이 아닙니다. 바울은 "오직 우리에게 모든 것을 풍성히 주셔서 즐기게 하시는 하나님께 소망을 두라"(딤전 6:17)고 합니다. 예수님은 "내가 온 것은 양으로 생명을 얻게 하고 더 풍성히 얻게 하려는 것이라"(요 10:10)고 말씀하셨습니다. 하나님은 인생을 기뻐하고 행복하고 풍성하게 살기를 원하십니다.

이런 기쁨과 행복은 쾌락의 추구에서 오는 것이 아닙니다. 육체의 쾌락과 감각의 욕심을 채워서 얻는 것이 아닙니다. 인생의 진정한 기쁨과 행복은 하나님의 사랑과 예수 그리스도의 은혜 안에서 누릴 수 있습니다. 우리는 주님 안에서 기뻐하고, 사랑의 교제 안에서 행복합니다. 자신의 쾌락을 추구하는 것이 인생이 목표가 될 수 없습니다. 그래서 야고보 사도는 기도는 좋은 것이지만 자신의 쾌락을 위해 기도하는 것은 잘못이라고 합니다.

감각의 욕망을 따르고 쾌락이 목적이 될 때 다툼이 일어납니다. 감각의 욕망을 따르면 사랑의 관계가 깨지고, 다른 사람에게 아픔과 고통을 주며, 갈등과 다툼을 일으킵니다. 쾌락은 바르고 의로운 관계와 경계를 깨뜨리고 다툼을 일으킵니다. 인생의 기쁨과 행복은 오직 사랑의 관계에서 옵니다. 하나님을 사랑하고 이웃을 사랑할 때 선한 관계에서 평화와 행복이 옵니다. 참된 기쁨은 함께 누리는 것입니다.

존재의 욕심

세 번째 원인은 존재의 욕심입니다. 존재의 욕심은 곧 교만입니다. "여러분이 얻지 못하는 것은 구하지 않기 때문이요"(2절)라고 합니다. 야고보 사도는 시기심과 경쟁이 없는 정의와 평화의 지혜를 말했는데, 평화와 기쁨의 지혜를 얻지 못하는 것은 구하지 않기 때문이라는 뜻입니다. 기도하지 않는 것은 교만한 사람의 특징입니다. 교만한 사람은 자신의 능력, 지식, 경험, 지위, 인기, 재물, 건강을 의지하기 때문에 하나님께 구하지 않습니다. 교만하면 기도하지 않고, 기도하지 않으면 더욱 교만해집니다. 자신의 삶에 하나님이 계실 필요를 느끼지 않습니다. 하나님의 뜻을 구하지 않습니다. 기도를 해도 오직 자기 욕망과 자기 뜻을 위해 구할 뿐입니다. 이런 사람은 항상 자기중심적이며 자기 과시를 잘합니다.

다툼의 원인이 교만에 있습니다. 잠언 13장 10절에서 이같이 말합니다. "교만에서는 다툼만 일어날 뿐이다. 지혜 있는 사람은 충고를 받아들인다." 죄성을 가지고 태어난 우리는 지독히 자기중심적이며, 재물과 권력을 향한 의지를 불태웁니다. 항상 자기 생각과 주장, 자신의 길을 고집합니다. 자신이 항상 VIP라는 생각을 버리지 못합니다. 높은 자리에 앉으려고만 합니다. 교만한 자는 노래합니다. "I did it my way"(프랭크 시나트라의 〈마이웨이〉 중에서).

교만은 다툼을 부르고 평화를 깨뜨립니다. 그래서 야고보 사도는 "하나님께서는 교만한 자들을 물리치시고, 겸손한 사람들에게 은혜를 주신다"(6절)라는 말씀을 인용합니다. 하나님은 교만한 자를 향해 전쟁을 선포하십니다. 교만의 결말은 전쟁과 멸망입니다. 야고보 사도는 욕심은 '간음하는 것, 세상과 벗하는 것, 하나님과 등지는 것'이며, 이것은 '하나님과 원수가 되는 것'(4절)이라고 합니다. 욕심의 결말은 하나님과 원수가 되어 하나님과도 다투는 것입니다. 욕심이 이렇게 무섭습니다. 욕심이 우리를 망칩니다.

그러면 어떻게 해야 합니까? 어떻게 욕심을 이기고, 다툼을 멈추고, 평화와 기쁨의 삶, 행복한 교회, 행복한 세상을 만들어갈 수 있을까요? 다툼을 넘어 평화를 이루는 야고보 사도의 친절한 처방전이 있습니다. 평화를 이루는 길이 있습니다.

평화를 이루는 길

하나님께 겸손히 복종하기

"그러므로 하나님께 복종하고"(7절). 우리가 다툼과 갈등을 해결하기 위해서는 먼저 하나님께 복종해야 합니다. 복종한다는 것은 하나님이 하나님이심을 인정하는 것입니다. 하나님을 하나님으로 인정하고 그분께 온전히 복종하십시오. 복종은 우리의 교만을 꺾는 길입니다. 교만으로 다툼이 온다면, 겸손한 복종으로 평화가 옵니다. 복종은 우리 내면의 문제입니다. 겉으로는 아무리 평화로운 것 같아도 우리 내면과 교회 안에서 참 평화를 이루기 전에는 진정한 평화가 없습니다. 우리의 삶에서 다툼을 피하고 참된 평화와 기쁨을 누리기를 원한다면 하나님이 삶과 가정, 그리고 우리 교회의 참된 왕이 되심을 인정하고 복종해야 합니다.

모든 성도와 모든 교회가 하나님께 겸손해져서 순종하는데 어떻게 다툼과 전쟁이 일어날 수 있겠습니까? 하나님께 복종해야 전쟁을 멈출 수 있습니다. 바울 사도는 "그리스도의 평화가 여러분의 마음을 주장하게 하십시오"(골 3:15)라고 합니다. 우리가 겸손하게 온전히 복종하며 주님께 모든 것을 맡기고 의지하면, 주되신 그리스도께서 우리의 내면을 주장하시고 다스립니다. 이때 우리는 다툼을 몰아내고 화평을 이루게 됩니다. 우리가 평화를 누리지 못하는 것은, 우리의 마음을 주님께서 주장하시도록 온전히 내어 드리지 못하는 교만 때문입니다. 이제 우리의 삶에서 힘겨루기는 그만합시다. 우리끼리 겨루어 봐야 유익할 것이 하나도 없습니다. 겸손한 복종은 평화의 길을 열어 줍니다.

악마 대적하기

"악마를 물리치십시오. 그리하면 악마는 달아날 것입니다"(7절). 다툼을 피하는 두 번째 길은 악마를 지혜롭게 대적하는 것입니다. 악마는 물리쳐야 할 존재입니다. 정신을 바짝 차려야 합니다. "정신을 차리고, 깨어 있으십시오. 여러분의 원수 악마가, 우는 사자 같이 삼킬 자를 찾아 두루 다닙니다"(벧전 5:8). 다툼과 분쟁이 일어날 때 그 배후에 무엇이 있는지를 알아야 합니다. 다툼 뒤에는 바로 마귀가 있습니다. 분열의 영인 마귀는 다툼의 원인을 제공하고, 교묘하게 인간의 마음을 조종해서 하나님의 뜻이 이루어지지 못하게 합니다. 마귀의 뜻은 주님의 자녀들이 분쟁하고, 다투고, 깨어지고, 상처받아 하나님의 은혜를 떠나게 하는 것입니다.

사탄은 끊임없이 믿는 자들을 넘어뜨리려고 합니다. 믿는 자들을 넘어뜨리기 위해 분쟁과 다툼을 즐겨 사용합니다. 우리가 분쟁하고 다툴 때 악한 영들이 제일 좋아합니다. 그러므로 우리는 하나님께 복종할 뿐만 아니라, 우리를 향해 다가오는 마귀를 대적해야 합니다. '대적한다'는 말은 전투 용어인데 '맞서서 강하게 싸우라'는 뜻입니다. 마귀는 흔히 그림에서 보듯이 까만 망토를 둘러쓰고, 머리에 뿔이 달린 모습으로 나타나지 않습니다. 그렇게 나타난다면 누구나 마귀를 알아보고 대적할 것입니다. 마귀는 아주 교묘하게 나타납니다.

우리는 마귀를 대적해야 합니다. 성도를 대적하면 안 됩니다. 우리는 악마가 주는 교만한 생각, 옳지 않은 방법, 남에게 상처를 주고 무시하는 말을 대적해야지, 사람을 대적해서는 안 됩니다. 우리는 언제나 사람을 받아 주고, 용서하고, 인정해 주고, 이해해 주어야 합니다. 그러나 마귀는 대적해야 합니다. 우리가 마귀를 대적할 때 마귀는 피합니다. 예수님의 이름 앞에 마귀는 달아납니다. 분쟁과 다툼은 그치고 진정한 평안과 기쁨이 찾아옵니다.

하나님께 가까이 가기

분쟁과 다툼을 피하는 세 번째 방법은 하나님께 가까이

가는 것입니다. "하나님께로 가까이 가십시오. 그리하면 하나님께서 가까이 오실 것입니다"(8절). 분쟁과 다툼과 갈등이 생길 때 우리가 할 수 있는 최선은 더욱 하나님께 가까이 나아가는 것입니다. 문제가 생길 때 기도하고, 말씀을 의지하고, 예배함으로 하나님께로 가까이 나아가야 합니다. 왜 그렇습니까? 우리가 하나님을 가까이하면 할수록 다른 사람과도 평화할 수 있기 때문입니다. 반면에 문제가 생길 때 그 일에 골몰하고 마음을 쓰느라 말씀을 멀리하고, 기도를 게을리하면 다툼은 더 심각해질 것입니다.

의외로 많은 이들이 분쟁과 다툼으로 인해 주님을 멀리합니다. 다툼 때문에 교회를 멀리합니다. 예배를 멀리합니다. 찬양을 멀리합니다. 기도를 멀리합니다. 이것은 가장 어리석은 선택이며, 사탄이 손뼉 칠 행동입니다. 갈등과 다툼이 있다면, 더욱더 하나님께로 가까이 다가가야 합니다. 무릎을 꿇어야 합니다. 예배해야 합니다. 하나님 안으로 들어가야 합니다. 하나님과 더욱 친밀해져야 합니다. 경건의 시간을 더 깊이 가져야 합니다. 하나님의 평화가 우리의 마음과 생각을 지켜 주실 것입니다. 하나님을 구하고, 하나님께 가까이 갈 때 하나님은 우리에게 가까이 오십니다. 얼마나 감사한 일입니까? 얼마나 놀라운 은혜입니까? 하나님을 가까이함으로 다툼은 물러가고 평화와 기쁨이 가득한 삶이 됩니다.

행동하기

다툼을 넘어 평화로운 삶을 살려면 구체적으로 행동해야 합니다. "죄인들이여, 손을 깨끗이 하십시오. 두 마음을 품은 사람들이여, 마음을 순결하게 하십시오. 여러분은 괴로워하십시오. 슬퍼하십시오. 우십시오. 여러분의 웃음을 슬픔으로 바꾸십시오. 기쁨을 근심으로 바꾸십시오. 주님 앞에서 자신을 낮추십시오. 그리하면 주님께서 여러분을 높여주실 것입니다"(8-10절). 손은 행동을 말합니다. 마음은 태도를 말합니다. 평화로운 삶은 저절로 오지 않습니다. 우리가 구체적으로 행동하고 마음을 새롭게 해야 합니다. 다툼이 일어난 곳에 언제나 상처와 아픔이 남아 있습니다. 욕심에 사로잡혀 깨어진 것을 괴로워하고 슬퍼하고 울면서 돌이켜야 합니다. 육신의 욕심으로 웃고 기뻐하던 우리는 오히려 슬퍼하고 근심하며 참 평화와 기쁨의 삶을 회복해야 합니다. 진정한 평화와 회복을 위해 우리는 자신을 겸손히 낮추고 용서를 구해야 합니다. 다툼으로 인해 일어난 결과를 과소평가하지 마십시오. 신중하고 진지하게 받아들여야 합니다. 자신과 관계되어 생긴 상처, 괴로움, 슬픔, 아픔에 대해 진심으로 보듬고 회복할 마음으로 손을 내밀어야 합니다.

먼저 하나님의 용서를 구하십시오. 그리고 상대방의 용서를 구하십시오. 설령 상대방의 잘못이 아홉이고, 내 잘못은 하나일지라도, 상대방의 아홉은 하나님께 맡기고 자신의 하나를 책임지는 마음을 가져야 합니다. 이런 것이 그리스도를 닮은 모습이며, 용기 있는 행동이며, 겸손한 모습입니다. 하나님은 겸손한 자에게 은혜를 주십니다. 평화와 기쁨의 은혜를 충만하게 부어 주실 것입니다. 우리가 겸손하면 하나님이 높여 주십니다. 배우자에게 용서를 구하십시오. 자녀 앞에서 자신의 잘못을 인정하십시오. 다투었던 이들에게 겸손하게 용서를 구하십시오. 당신은 사랑받을 것입니다. 존경받을 것입니다. 하나님이 높여 주실 것입니다.

"무슨 일을 하든지, 다툼이나 허영으로 하지 말고, 겸손한 마음으로 하고, 자기보다 서로 남을 낮게 여기십시오. 자기 일만 돌보지 말고, 서로 다른 사람들의 일도 돌보아 주십시오. 여러분 안에 이 마음을 품으십시오. 그것은 곧 그리스도 예수의 마음입니다"(빌 2:3-5).

비록 '갈등 공화국'에 살지만, 다툼을 넘어 평화를 사랑하고 평화로운 세상을 만드는 것이 우리의 거룩한 사명입니다. 이것이 우리가 존재하고 교회가 존재하는 이유입니다. 이렇게 우리는 그리스도 예수님의 마음을 닮고, 거룩한 그리스도의 몸으로 세상에서 진정한 소망이 될 것입니다.

11장
헐뜯으면 허물어진다

형제자매 여러분, 서로 헐뜯지 마십시오. 자기 형제자매를 헐뜯
거나 심판하는 사람은, 율법을 헐뜯고 율법을 심판하는 것입니
다. 그대가 율법을 심판하면, 그대는 율법을 행하는 사람이 아니
라 율법을 심판하는 사람입니다. 율법을 제정하신 분과 심판하
시는 분은 한 분이십니다. 그는 구원하실 수도 있고, 멸망시키
실 수도 있습니다. 도대체 그대가 누구이기에 이웃을 심판합니
까?(야고보서 4:11-12)

야고보 사도는 다툼과 분쟁이 일어나는 원인이 교만에
있으며, 하나님은 교만한 사람은 대적하지만, 겸손한 사람
에게는 은혜를 베푸신다고 했습니다. 사람이 교만해지면
다툼과 분쟁이 일어날 뿐만 아니라, 서로 비방하는 심각한

문제도 생깁니다. 비방은 남을 헐뜯고 비난하여 말하는 것입니다. 중상, 모략, 비방, 헐뜯음은 모두 비슷한 말입니다. 야고보 사도는 선언합니다. "형제자매 여러분, 서로 헐뜯지 마십시오"(11절).

비난하고 헐뜯는 것은 우리의 일상에서 너무 쉽게 볼 수 있습니다. 신문이나 인터넷 뉴스에 하루도 빠지지 않고 서로 비난하고, 중상하고 헐뜯는 이야기가 가득합니다. 야고보 사도는 비난하고 헐뜯는 것을 가볍게 여기지 않습니다. 우리가 예수님을 닮아가는 진실하고 바른 삶을 살기 원한다면 이 문제를 진지하게 다루어야 합니다. 슬프게도 이기적인 경쟁 사회에 비방하고 헐뜯는 것은 자연스러운 모습이 되었습니다. 헐뜯지 않으면 정치를 할 수 없을 것 같습니다. 헐뜯지 않으면 자신의 의로움을 드러낼 수 없을 것 같습니다. 헐뜯지 않으면 경쟁에서 이길 수 없을 것 같습니다. 헐뜯어야 마음이 후련하고, 자신이 옳고 정당함을 드러낼 수 있을 것 같습니다. 그러나 성경은 말합니다. "서로 헐뜯지 마십시오." 그렇다면 왜 헐뜯지 말아야 할까요?

우리는 한 가족

우리는 한 가족이기에 헐뜯지 말아야 합니다. 헐뜯으면 허물어집니다. 무엇이 허물어집니까? 친밀한 관계가 허물어집니다. 헐뜯으면 '우리는 한 가족'이라는 가장 친밀한 관계가 허물어집니다. 11절에는 '형제아델포스'라는 단어가 세 번 나옵니다. "형제자매 여러분, … 형제자매를 헐뜯거나 형제자매를 심판하는 사람은"이라고 되어 있습니다. 야고보 사도는 우리가 형제자매라고 강조하여 말합니다. 우리는 그리스도 안에서 하나님 아버지의 자녀가 된 한 가족입니다. 우리는 서로 형제자매이며, 서로 가족이므로 헐뜯지 말아야 합니다. 우리는 그리스도 안에서 한몸을 이루는 사랑의 공동체임을 잊으면 안 됩니다. 여기서 말하는 가족은 예수 그리스도의 십자가의 은혜로 구원을 받은 하나님 자녀들의 특별한 가족입니다.

세상에서는 가족끼리도 다투고 비방합니다. 그러나 하나님의 자녀인 진정한 가족은 서로 허물을 덮어 줍니다. 서로 용서합니다. 서로 잡아주고 일으켜 주고 세워 줍니다. 이것이 하나님 나라의 건강한 가족이며 진정한 가족입니다. 헐뜯으면 아름다운 관계는 허물어집니다.

우리는 교회를 생각할 때마다 믿음의 가족이라는 멋진 생각을 해야 합니다. 교회는 가족 공동체입니다. 예수님은 우리의 맏형이 되십니다(롬 8:29). 우리는 아버지 하나님의 사랑 안에서 모두 맏형 되신 예수님의 동생입니다. 성령님은 우리가 하나님의 참 자녀임을 확증해 주십니다. 그러므로 하나님의 자녀인 우리가 서로 비방하고 헐뜯는 것은 옳지 않으며, 이것은 마귀의 일입니다. 마귀는 '헐뜯는 자'라는 뜻입니다. 우리는 그리스도 안에서 생명을 얻은 빛의 자녀입니다. 하나님의 자녀인 우리는 어떤 상황에서도 서로 비방하지 않아야 합니다. 서로 헐뜯는 일은 없어야 합니다. 헐뜯으면 믿음의 가족 관계가 허물어집니다.

하나님을 대신하려는 교만함

우리는 하나님이 아니기에 헐뜯지 말아야 합니다. "자기 형제자매를 헐뜯거나 심판하는 사람은, 율법을 헐뜯고 율법을 심판하는 것입니다. 그대가 율법을 심판하면, 그대는 율법을 행하는 사람이 아니라 율법을 심판하는 사람입니다"(11절). 누군가를 헐뜯는 것은 자신이 하나님이 된 것처럼 행동하는 교만이라는 것입니다. 누군가를 헐뜯는 것은 곧 그 사람을 판단하는 것입니다. 자신이 옳고 정당하다는 기준에 따라서 판단하고 헐뜯습니다. 그러나 이것은 자신이 율법을 세우고 자신이 율법의 기준이 되는 것과 같습니다. 그렇다면 헐뜯고 판단하는 것은 곧 자신이 하나님의 자리를 대신하는 것입니다. 우리가 헐뜯지 말아야 하는 것은, 비방은 하나님을 대신하려는 교만함이기 때문입니다. 우리가 아무리 옳고 정당한들 하나님을 대신할 수는 없습니다. 나 자신이 누군가를 판단하고 정죄하여 헐뜯는 것은 하나님이 되려는 교만이라는 큰 죄입니다.

'헐뜯는다 카탈랄레오'는 자신이 상대보다 우월함을 드러내기 위해 여러 방법으로 상대를 깎아내리고 비방하는 행동을 말합니다. 남을 헐뜯는 사람은 자신의 약점을 숨기려 하거나, 상대의 잘못을 지적하고 헐뜯음으로 자신을 드러내려고 합니다. 사탄은 언제나 우리가 남을 비난하고 정죄하는 것을 좋아합니다. 이렇게 되면 결국 우리 자신이 율법의 기준이 되고, 율법의 집행자가 되기 때문입니다. 하지만 야고보 사도는 이같이 말합니다. "율법을 제정하신 분과 심판하시는 분은 한 분이십니다. 그는 구원하실 수도 있고, 멸망시키실 수도 있습니다. 도대체 그대가 누구이기 에 이웃을 심판합니까?"(12절)

남을 판단하여 헐뜯는 것은 정당하지 않습니다. 율법을 제정하시고, 율법을 집행하시고, 심판하시는 분은 오직 하나님이시기 때문입니다. 우리는 너무 쉽게 남을 판단합니다. 온전히 알지 못하면서 한두 가지 겉모습이나 들은 것으로 남을 판단합니다. 우리는 유일하고 진정한 입법자요 재판자는 하나님이심을 늘 기억해야 합니다. 하나님은 전혀 오차가 없이 완전하게 판단하십니다. 판단은 하나님의 몫이지 우리의 몫이 아닙니다.

우리가 재판관이 되지 말아야 하는 것은, 우리의 판단은 불완전하며 정당하지 못하기 때문입니다. 사실 우리는 판단하지 않고서는 하루도 살 수 없습니다. 저 사람은 참 좋은 사람이구나. 저 사람은 참 정이 많구나. 저 사람은 찬양을 참 잘하는구나. 모두 판단입니다. 야고보 사도가 말하는 판단은 우리의 일반적인 판단이 아니라, 다른 사람의 단점이나 죄와 관련된 것입니다. 그래서 "이 사람은 죄인이다. 이 사람은 율법을 어겼다. 이 사람은 비난을 받아 마땅하다"라고 판단하고 헐뜯는 것을 하지 말라는 것입니다. 우리가 헐뜯으면 하나님과의 관계가 허물어집니다.

사랑의 법을 버리고

비방은 결국 하나님이 주신 사랑의 법을 버리고 불순종하는 것입니다. 그러므로 우리는 헐뜯기를 즉시 멈추어야 합니다. 갈라디아서는 이같이 말합니다. "여러분이 서로 물어뜯고 잡아먹고 하면, 피차 멸망하고 말 터이니, 조심하십시오"(갈 5:15). 헐뜯고 서로 비난하는 것은 멸망으로 가는 길입니다. 야고보 사도는 헐뜯는 것이 곧 율법을 비방한 것이라고 합니다. 우리에게 주신 하나님 법의 핵심은 사랑입니다. 야고보 사도는 사람을 차별하지 말라고 하면서 이같이 말했습니다. "여러분이 성경을 따라 '네 이웃을 네 몸같이 사랑하라'는 으뜸가는 법을 지키면, 잘하는 일입니다"(약 2:8). 으뜸가는 율법은 사랑입니다. 사랑에서 나오는 비방은 없습니다. 헐뜯는 것은 사랑의 법을 어긴 죄가 됩니다.

물론 우리는 사랑으로 충고하고 때로는 책망할 수도 있습니다. 그러나 서로 비방하고 판단하는 것은 옳지 않습니다. 비방하고 책망하여 변화되고 바르게 되는 일은 없습니다. 비방은 오히려 관계를 악화시키고 분노와 갈등을 일으킬 뿐입니다. "북풍이 비를 일으키듯, 헐뜯는 혀는 얼굴에 분노를 일으킵니다"(잠 25:23). 예수님은 사람을 외모로 판단하지 말라고 하셨습니다(요 7:24). 사람은 외모를 보지만 하나님은 중심을 보십니다(삼상 16:7). 우리는 사람의 중심을 알 수 없고 결국 우리의 판단은 외모로 하는 것입니다. 외적 판단으로 헐뜯는 것은 모두 잘못입니다. 헐뜯으면 사랑의 관계가 허물어집니다. 그러면 어떻게 비방하고 헐뜯는 삶을 극복할 수 있을까요?

헐뜯는 삶 넘어서기

자기 자신 돌아보기

우리는 자신을 돌아보아야 합니다. 주님께서 말씀하셨

습니다. "비판을 받지 아니하려거든 비판하지 말라. 너희의 비판하는 그 비판으로 너희가 비판을 받을 것이요, 너희의 헤아리는 그 헤아림으로 너희가 헤아림을 받을 것이니라"(마 7:1-2). 뿌리는 대로 거두는 법입니다. 비판하면 비판받고, 비난하면 비난받고, 판단하면 판단받습니다. 이런 악순환의 고리는 선한 인간관계를 파괴합니다. 헐뜯으면 관계가 허물어집니다. 우리 삶에서 기쁨이 사라집니다. 비난하고 헐뜯는 사람은 절대 행복하지 않습니다.

우리는 비난의 고리를 끊고, 판단하고 헐뜯는 죄에 빠지지 않도록 먼저 자신을 돌아보아야 합니다. 하나님의 눈앞에서 누구도 온전하지 않습니다. 우리는 다 죄인일 뿐입니다. 자신을 돌아보는 사람은 쉽게 남을 판단하지 않습니다. 험담하지 않습니다. 자신을 돌아보려면 우리를 비춰주는 진리의 거울 앞에 서야 합니다. 진리의 빛으로 우리의 내면을 비추며 주님 앞에 자신을 내어 드려야 합니다.

시간을 정해 말씀과 마주하고, 조용한 장소와 시간에 침묵의 시간을 가지며 자신의 내면을 돌아보고, 기도로 주님과 대화하고, 내면에 말씀하시는 성령님의 음성에 귀를 기울이고, 자신을 내어주는 봉사와 섬김의 삶에 참여해야 합니다. 함께 기도하며 삶을 나누고 성장하는 소그룹에 참여하고, 항상 자신을 돌아보고 성품을 거룩하게 세워 가야 합니다.

겸손의 옷을 입기

우리가 자신을 돌아보며 성품을 세워 갈 때, 겸손의 옷을 입게 됩니다. 판단과 헐뜯음은 교만에서 오는 것입니다. 겸손의 성품으로 옷을 갈아입을 때 판단의 죄에 빠지지 않습니다. 겸손한 사람은 어떤 경우에도 남을 헐뜯지 않습니다. 겸손한 사람은 먼저 하나님 앞에서 자신을 낮춥니다. 그리고 다른 사람을 업신여기지 않습니다. 그리스도인의 으뜸가는 덕목은 겸손입니다. 훗날 교황이 되는 알렉산드리아의 디오스코루스 Dioscorus 에게 보낸 편지에서 어거스틴은 "첫째도 겸손이며, 둘째도 겸손이요, 셋째도 겸손입니다"라는 유명한 말을 남겼습니다. 그렇습니다. 겸손이 우리를 지켜 줍니다. 갈등과 정죄와 판단과 비방에서 우리를 지켜 줍니다.

겸손은 예수님의 성품입니다. 예수님은 우리에게 겸손의 본을 보여 주셨습니다. 하늘의 영광을 버리고 낮은 곳으로 내려오셨습니다. 인간의 몸을 입으셨고, 십자가에 달려 돌아가시기까지 자신을 낮추셔서 우리를 사랑하시고 구원해 주셨습니다. 우리가 예수님의 성품을 닮아 겸손의 옷을 입는다면, 서로 비난하고 헐뜯는 일은 점점 사라질 것입니다. 하나님은 하나님의 백성이 자기 이익에 매몰되어 다른 사람을 비난하고 헐뜯는 일을 금하셨습니다. "이 사람 저 사람에게 남을 헐뜯는 말을 퍼뜨리고 다녀서는 안 된다. 너는 또 네 이웃의 생명을 위태롭게 하면서까지 이익을 보려 해서는 안 된다. 나는 주다"(레 19:16). 우리가 겸손의 옷을 입으면, 누군가가 우리를 추켜세워도 우쭐하지 않으며, 헐뜯어도 화내지 않을 것입니다. 신실한 성도는 자신이 용서받은 죄인임을 잘 알기 때문입니다. 겸손하고 진실한 행동이 세상을 밝힙니다. 세상을 따뜻하게 합니다.

겸손의 성품은 우리의 언어에서 드러나야 합니다. 판단과 비방은 모두 언어로 표현됩니다. 그러니 우리의 언어에서 겸손함이 드러나야 합니다. 잠언 26장 22절은 이같이 말합니다. "남의 말 하기를 좋아하는 자의 말은 별식과 같아서 뱃속 깊은 데로 내려가느니라." 남을 험담하거나 듣는 것이 얼마나 우리를 미혹하는지 맛난 음식과 같습니다. 먹어도 먹어도 채워지지 않습니다. 비방은 뱃속 깊은 곳으로 들어가서 우리의 내면을 오염시키고, 깊은 상처와 갈등과 고통을 만듭니다. 헐뜯는 말은 나와 공동체를 모두 깨뜨립니다. 그러나 겸손한 사람은 언제나 덕을 세우는 말을 합니다. 험담하지 않으며, 칭찬과 격려와 충고와 사랑의 말을 합니다.

인터넷 상에서 댓글을 달거나 글을 올릴 때도 공격적이거나, 험담하거나, 비난하거나, 저속한 표현을 사용하지 마십시오. 악성 댓글을 달지 마십시오. 그리스도인의 언어는 바르고 향기롭고 거룩해야 합니다. 예수님이 인정하실 것 같지 않은 이미지나 내용은 올리지 마십시오. 우리는 서로 헐뜯지 말아야 합니다. 악성 댓글은 더 많은 악성 글을 올리는 악순환을 됩니다.

우리는 헐뜯는 말이 아니라, 칭찬과 축복의 말을 해야 합니다. 비방하고 판단하는 것도 습관이 됩니다. 비방하기 좋아하는 사람은 매사에 비방합니다. 그런 사람에게는 비방할 것만 보입니다. 그러나 칭찬과 축복의 말을 하는 습관을 키운다면 우리는 복의 사람이 될 것입니다. 행동하는 믿음의 사람은 비난 대신 용서하고, 비방 대신 격려하고, 판단 대신 칭찬하고 축복합니다. 우리는 어떤 말을 합니까? 우리는 인터넷 상에 어떤 글을 올립니까? 우리는 어떤 상황에서도 공동의 선을 추구해야 합니다. 우리 모두 겸손의 옷을 입고 선한 말로 사람을 세우고 행복하고 평화로운 세상을 만들어 갑시다.

하나님께 맡기기

다른 사람을 판단하고 비방하는 것은 하나님을 대신하려는 교만함이라고 했습니다. 그러므로 우리는 모든 일에 대해 겸손하게 하나님께 맡겨야 합니다. 오직 하나님이 재판관이 되시기 때문입니다. 바울 사도는 경고합니다. "어찌하여 그대는 형제나 자매를 비판합니까? 어찌하여 그대는 형제나 자매를 업신여깁니까? 우리는 모두 다 하나님의 심판대 앞에 서게 될 것입니다"(롬 14:10). 사람을 판단하고 심판하는 것은 하나님의 일입니다. 남을 판단하고 비방하는 것이 결코 작은 일이 아닙니다. 우리는 쉽게 남을 판단하면서 정작 우리 자신에 대한 하나님의 심판을 잊어버립니다.

그러므로 우리 눈에 다른 사람의 허물과 잘못이 보이고, 판단하게 될 때마다 판단은 하나님이 하실 일이므로 스스로 재판관이 되려는 마음을 내려놓아야 합니다. 항상 마음속으로 '판단하지 말자'고 생각하며 행동하고 이를 위해 성령님을 의지하고 하나님께 맡기기를 실천하십시오. 판단은 하나님께 맡기십시오. 우리는 사람의 마음속의 깊은 생각과 동기까지 알 수 없습니다. 우리의 판단은 온전할 수 없습니다. "여러분은 주님께서 오실 때까지는, 아무것도 미리 심판하지 마십시오"(고전 4:5).

세상은 공정하지 않습니다. 힘 있고, 지위 있고, 많이 알고, 많이 가진 사람이 힘을 휘두르는 때가 많습니다. 우리는 어떤 상황에서도 끝까지 하나님만 신뢰하고 의지해야 합니다. 하나님이 하실 일은 하나님께 맡겨야 합니다. 그러면 하나님의 참 평화가 우리의 마음과 생각을 지켜 줄 것입니다. 하나님께 맡길 때 우리는 더욱 배려하고 이해할 수 있습니다.

우리는 남을 판단하고 단정하기 쉽습니다. 그러나 하나님은 우리 모두를 사랑하십니다. 다른 사람의 단점을 찾기는 매우 쉽습니다. 찾기로 마음먹으면 계속 보입니다. 그러나 우리는 우리의 삶에서 판단과 비방을 없애야 합니다. 헐뜯지 맙시다. 격려하고 사랑하고 이해하고 기다립시다. 남을 판단하는 일을 멈춥시다. 서로를 귀하게 여기며 존중합시다. 우리 모두 하나님 앞에 소중한 자녀임을 기억하면서 진실한 사랑과 용서와 존경의 관계를 세워 갑시다. 헐뜯으면 좋은 관계가 허물어지지만, 겸손하면 거룩하고 복된 관계는 더욱 견고해집니다. 사랑의 관계는 헐뜯으면 허물어지고, 겸손하면 견고해집니다. 하나님의 한 가족인 우리는 사랑과 겸손과 섬김으로 모두가 행복한 믿음의 가족이 되어야 합니다.

12장

지혜로운 인생 경영

"오늘이나 내일 어느 도시에 가서, 일 년 동안 거기에서 지내며, 장사하여 돈을 벌겠다" 하는 사람들이여, 들으십시오. 여러분은 내일 일을 알지 못합니다. 여러분의 생명이 무엇입니까? 여러분은 잠깐 나타났다가 사라져버리는 안개에 지나지 않습니다. 도리어 여러분은 이렇게 말해야 할 것입니다. "주님께서 원하시면, 우리가 살 것이고, 또 이런 일이나 저런 일을 할 것이다." 그런데 여러분은 지금 우쭐대면서 자랑하고 있습니다. 그와 같은 자랑은 다 악한 것입니다. 그러므로 사람이 해야 할 선한 일이 무엇인지 알면서도 하지 않으면, 그것은 그에게 죄가 됩니다(야고보서 4:13-17).

우리는 누구나 보람 있는 삶을 살기 원합니다. 복되고 아름다운 인생을 살기 원합니다. 우리가 신앙생활을 하는 것은 하나님 안에서 복되고 의미 있는 삶을 살기 위해서입니다. 우리는 행복한 삶을 위해 무엇인가를 열심히 추구합니다. 하지만 추구하고 열심히 사는 것만으로는 부족합니다. 거룩하고 복된 삶을 사는 길을 배워야 합니다. 하루하루 살면서, 나이가 들어가면서 우리는 점점 인생이 무엇인지 깊이 깨닫고 지혜를 얻으며, 진정 보람된 삶을 향해 나아가야 합니다. 바른 인생의 길을 알고 그 길을 걷는다면 어떤 상황에서도 평안할 수 있습니다. 어떤 삶이 아름답고 복될까요?

위대한 선지자 모세도 인생을 의미 있고 바르게 사는 지혜를 얻기 위해 이렇게 기도했습니다. "우리의 연수가 칠십이요 강건하면 팔십이라도 그 연수의 자랑은 수고와 슬픔뿐이요 신속히 가니 우리가 날아가나이다. 우리에게 우리 날 계수함을 가르치사 지혜로운 마음을 얻게 하소서"(시 90:10, 12). 진부하게 들릴지 모르지만, 우리가 왜 사는지, 어떻게 살아야 하는지를 묻는 것은 매우 중요합니다. 이러한 인생의 큰 질문은 젊은 사람만 하는 것이 아닙니다. 내일 죽을 사람이라도 오늘 물어야 하는 질문입니다. 죽음을 생각하지 않고서는 삶을 의미 있게 살 수 없듯이, 삶을 묻지 않고서는 죽음을 제대로 맞이할 수 없습니다. 우리는 잘 늙어가고 잘 죽는 법도 배워야 하지만, 좋은 죽음을 위해서는 사는 법을 배워야 합니다. 야고보 사도는 복되고 보람된 인생 경영이 무엇인지, 잘못된 인생은 어떤 모습인지에 대해 잘 알려 줍니다.

하나님 없는 인생 경영

"'오늘이나 내일 어느 도시에 가서, 일 년 동안 거기에서 지내며, 장사하여 돈을 벌겠다' 하는 사람들이여 잘 들으십시오"(13절). 이 구절은 탁월한 사업가나 경영자의 모습을 보여 줍니다. 이 사람들은 아주 세밀하고 놀라운 경영 계획을 세웁니다. 먼저 때를 잘 정합니다('오늘이나 내일'). 기간도 정해졌습니다('일 년 동안'). 지역과 장소도 정했습니다('어느 도시에 가서, 거기서 지내며'). 무슨 일을 할지도 분명합니다('장사하여'). 목적이 분명합니다('돈을 벌겠다').

이 사람들은 아주 치밀하게 계획을 세웠습니다. 계획을 세우기 전에 이미 시장 조사를 마쳤고, 정보도 분석하였고, 최신 트렌드와 사업 방식까지 익히 알고 있는 것 같습니다. 돈을 많이 벌기 위한 경영자의 모습으로 전혀 손색이 없습니다. 정말 완벽하고 멋진 계획입니다. 미래에 대한 확신이 있습니다. 이 사람들은 탁월한 경영 전략과 방식으로 계획한 사업에 성공해서 분명히 큰돈을 벌 것 같습니다.

그러나 여기에 결정적인 문제가, 결정적인 실수가 보입니다. 여러분이라면 이 경영 전략을 어떻게 수정할 것 같습니까? 가장 큰 문제는 바로 '하나님 없는 계획과 경영'이라는 것입니다. 이 사람들은 한 번도 하나님을 언급하지 않습니다. 그들은 하나님 없이 계획을 세웠습니다. 자신들의 탁월한 지식과 경험과 예측의 능력으로 완벽한 계획을 세웠지만, 그 과정 어디에도 하나님은 없습니다. 하나님이 참여하실 여지가 전혀 없습니다. 야고보 사도는 하나님 없는 계획은 어리석은 인생 경영이라고 합니다.

물론 인생을 계획하는 것은 좋은 것이고 잘한 것입니다. 자신의 인생에 대한 큰 그림과 지도를 가지고 사는 사람은 그렇지 않은 사람보다 훨씬 지혜롭고 의미 있는 삶을 살 수 있습니다. 바르게 살려면 계획과 꿈이 있어야 합니다. 예수님은 말씀하셨습니다. "너희 가운데서 누가 망대를 세우려고 하면, 그것을 완성할 만한 비용이 자기에게 있는지를, 먼저 앉아서 셈하여 보아야 하지 않겠느냐?"(눅 14:28) 인생을 설계하고 실행하는 인생 경영이 중요하지만, 하나님과 상관없는 계획은 어리석은 것입니다.

야고보서는 불신자에게가 아니라, 온 세상에 흩어져 있는 하나님의 자녀들, 곧 예수 그리스도의 제자이며 그리스도의 몸을 이루고 있는 성도들을 위한 것입니다. 하나님을 믿는다고 하면서도 하나님 없는 인생을 계획하고 경영하는 것이 얼마나 어리석은지에 대해 말합니다. 하나님 없는 인생 경영은 교만입니다. 교만이 항상 문제입니다. 야고보 사도는 교만함 때문에 이기심과 경쟁심에 사로잡히고, 교만함 때문에 분쟁하고 갈등하며, 교만함으로 헐뜯고 허물어지며, 교만함으로 인해 어리석은 인생을 살게 된다고 합니다.

성도가 교만해지면 자신이 인생의 주인이라고 생각하고 행동합니다. 어떤 일에도 하나님을 초대하지 않습니다. 인생의 모든 계획과 경영을 자기 뜻에 따라, 자기 방법으로, 자기 마음대로 합니다. 사업도, 가정도, 자녀도, 학업도, 취업도, 퇴직도, 인간관계도, 재정 생활도, 심지어 교회 사역조차 하나님 없이 자기 뜻대로 합니다. 이런 사람은 하나님을 보이지 않는 골방에 가둬 놓은 사람입니다.

예배할 때는 하나님이 왕입니다. 찬양할 때는 하나님이 주인입니다. 주일에는 하나님을 주님으로 고백합니다. 그러나 일상으로 돌아가면 하나님은 보이지 않고 자기밖에 없습니다. 주일은 하나님의 날이고, 월요일부터 토요일은 모두 나요일입니다. 이렇게 살다가 삶에 위기와 고난이 오면 하나님을 찾고 부르짖습니다. 위기의 때에 주님을 찾고 부르짖는 것은 다행이고 은혜입니다. 하지만 언제까지 이렇게 살아야 합니까? 하나님 없이 인생을 경영하는 것은 어리석은 일입니다. 야고보 사도는 어리석은 이유를 이렇게 말합니다.

안개와 같은 인생

"여러분은 내일 일을 알지 못합니다. 여러분의 생명이

무엇입니까? 여러분은 잠깐 나타났다가 사라져버리는 안개에 지나지 않습니다"(14절). 하나님 없는 인생은 안개에 지나지 않습니다. 하나님 없이 인생 경영을 하는 사람은 자신이 내일 일을 알고 있다고 착각합니다. 정말 그럴까요? 내일을 알 수 있을까요?

누가복음 12장에는 예수님이 들려주신 어리석은 부자 이야기가 나옵니다. 그는 열심히 일했고 얼마나 농사가 잘되었는지 소출이 많아서 쌓아 둘 곳이 부족했습니다. 그는 혼잣말을 합니다. "이렇게 해야겠다. 내 곳간을 헐고서 더 크게 짓고, 내 곡식과 물건들을 다 거기에다가 쌓아 두겠다. 그리고 내 영혼에게 말하겠다. 영혼아, 여러 해 동안 쓸 많은 물건을 쌓아 두었으니, 너는 마음 놓고, 먹고 마시고 즐겨라"(눅 12:18-19). 이 부자의 혼잣말에는 교만이 가득합니다. 내일을 알고 있으며, 스스로 내일을 보상할 수 있다고 착각하는 것은 교만입니다. 야고보 사도도 말합니다. "그런데 여러분은 지금 우쭐대면서 자랑하고 있습니다. 그와 같은 자랑은 다 악한 것입니다"(16절). 내일을 알지 못하면서 교만하고 우쭐하는 것은 하나님 앞에 악할 뿐입니다.

누가 봐도 이 부자는 성공한 사람입니다. 농사를 잘 준비하고 계획하고 열심히 일해서 많은 곡식과 재물을 든든히 쌓아 두었고 걱정 없는 삶을 살게 되었으니 모두가 부러워할 사람입니다. 그런데 그날 밤 하나님이 말씀하십니다. "어리석은 사람아, 오늘 밤에 네 영혼을 네게서 도로 찾을 것이다. 그러면 네가 장만한 것들이 누구의 것이 되겠느냐?"(눅 12:20)

열심히 농사를 지어서 많은 돈을 번 이 부자가 왜 어리석은 사람입니까? 이 사람의 인생 경영에는 하나님이 없기 때문입니다. 그는 자기밖에 몰랐습니다. 내 곳간, 내 곡식, 내 영혼, 내 물건은 알았지만, 인생의 주인이신 하나님은 몰랐습니다. 하나님 없이 자기밖에 몰랐던 이 부자는 정작 자기 영혼을 위해서는 아무것도 대비하지 못했습니다. 모든 것이 자기 것인 줄 알았지, 하나님의 것임을 몰랐습니다. 안개와 같은 인생이 하나님 없는 인생 경영을 하면 그 결론은 영혼을 잃는 것입니다.

내일을 알지 못하는 안개처럼 사라질 인생이지만, 지혜

로운 성도는 하나님 안에서 인생을 경영합니다. 하나님 안에서 자신의 영혼을 돌봅니다. 천국을 살고 천국을 준비합니다. 어리석은 부자는 재물을 얻느라 영혼을 버렸지만, 지혜로운 성도는 영혼을 위해 재물을 사용합니다. 더 나아가 영혼도 얻고 재물도 얻습니다. 예수님은 말씀하셨습니다. "너희를 위하여 보물을 하늘에 쌓아 두어라"(마 6:20). 하나님과 함께하는 인생 경영은 재물을 하늘에 쌓아 둡니다. 하나님의 사랑으로 베풀고, 나누고, 드리고, 섬기는 삶을 계획하고 경영합니다. 하나님 없이는 모든 것이 안개처럼 사라지고 썩어 없어질 것을 알기 때문입니다.

우리는 내일 일을 알 수 없습니다. 심지어 오늘 밤에 무슨 일이 있을지도 모릅니다. 이것이 인생입니다. 어차피 내일을 알지 못하는 인생이니 마음대로 살고 즐기며, 실컷 먹고 마셔야 합니까? 아닙니다. 우리는 내일을 모르기 때문에 겸손하게 하나님을 의지해야 합니다. 모든 것을 아시는 하나님께 자신의 삶을 의지하고 맡겨야 합니다. 성숙한 신앙인은 미래를 알지 못해 불안해하지 않고 하나님 안에서 평화와 기쁨을 누립니다. 내일을 모르기 때문에 하나님을 의지하며 하나님께서 주신 소중한 인생을 헛된 일에 낭비하지 않습니다.

하나님과 함께하는 인생 경영

그러면 어떻게 살아야 할까요? 야고보 사도는 말합니다. "주님께서 원하시면, 우리가 살 것이고, 또 이런 일이나 저런 일을 할 것이다"(15절). 인생을 계획하고 경영할 때, 그리고 하루하루를 살면서 우리는 주님께서 원하시면 우리가 살고, 주님께서 원하시는 그 일을 하는 것입니다. 바르고 복된 삶은 하나님과 함께, 하나님의 뜻을 따라 인생을 경영하는 것입니다. 잠언도 이같이 말합니다. "사람이 마음으로 자기의 앞길을 계획하지만, 그 발걸음을 인도하시는 분은 주님이시다"(잠 16:9). 지혜로운 인생 경영은 주인되신 하나님의 인도하심을 따르는 것입니다.

하나님이 인도하시는 인생을 계획하고 경영하려면 이런 기도를 해야 합니다. "주님, 주님께서 저에게 원하시는 것이 무엇인지 알게 해주십시오. 주님, 제가 하면 안 되는 것을 보게 해주십시오. 하나님의 계획과 뜻을 알려 주십시오. 하나님의 인도하심에 순종할 수 있는 용기와 믿음을 주십시오."

이런 기도는 자신의 인생을 하나님께 묻고, 하나님을 의지하는 기도입니다. 자신이 주인이 아니라, 하나님이 주인이심을 인정하는 고백입니다. 자기중심의 교만함을 내려놓고 온전히 하나님께 맡기고 순종하려는 겸손한 태도입니다. 진정한 인생의 성공과 행복은 내 뜻이 아니라 하나님의 뜻이 이루어지는 것이며, 인생의 보람과 참 기쁨은 하나님과 함께하는 삶에서 오는 것입니다.

하나님과 함께하는, 하나님이 주인되신 인생 경영에서 중요한 것이 우선순위를 따르는 것입니다. 주님께서 말씀하셨습니다. "너희는 먼저 하나님의 나라와 하나님의 의를 구하여라. 그리하면 이 모든 것을 너희에게 더하여 주실 것이다"(마 6:33). 우리에게 우선순위는 하나님의 뜻이며 하나님 나라입니다. 아름답고 향기로운 믿음의 길을 걷는 성도는 자기 삶의 모든 영역에서 하나님 나라를 먼저 구합니다.

우리는 우선순위에 따라 살기 위해 자신의 삶과 가정과

교회는 물론 직장과 일터와 사회를 향한 하나님의 뜻을 계속 묻고 알기에 힘써야 합니다. 하나님의 뜻을 알고 따르기 위해 우리는 말씀과 기도와 사랑의 삶을 게을리하면 안 됩니다. 하나님께서 우리에게 주신 은혜의 도구를 잘 사용해야 합니다. 우리는 하나님과 함께 인생을 경영해야 합니다.

미래를 사는 오늘

우리 인생은 언제 사라질지 모르는 안개와 같습니다. 나이가 들수록 인생이 안개와 같다는 말이 더욱 실감이 납니다. 내가 중학교 1학년 때 창립 1주년이었던 우리 교회가 올해 50주년이 되었습니다. 당시 밝고 예뻤던 어린이와 청소년들이 지금 중년이 되어 교회의 큰 일꾼이 되었습니다. 그때 힘차게 사역하고 교회를 세웠던 일꾼들은 모두 원로가 되셨거나 천국에 입성하셨습니다. 안개와 같은 인생, 자랑할 것도 뽐낼 것도 없습니다.

인생이 짧으니 젊어서 놀아야 합니까? 아닙니다. 인생은 짧지만 하나님은 영원하십니다. 인생은 짧지만 우리는 영원에 잇대어 살며 영원한 하나님 나라를 누리고 세울 수 있습니다. 하나님 안에서 인생을 경영하는 성도는 인생을 깊이 통찰하며, 아름답고 의미 있는 보람된 인생을 살아갑니다. 무엇을 위해 어떻게 살아야 할지 하나님께 묻기 때문입니다. 우리에게 기쁨과 성공과 행복의 꽃길만 있는 것은 아닙니다. 우리 삶에는 시련이 있고, 고난이 있고, 아픔이 있고, 상처가 있고, 쓰러질 때도 있습니다. 그러나 항상 하나님 안에 있어 하나님과 함께 우리 인생을 경영한다면, 우리는 하루하루를 믿음으로 승리할 수 있습니다. 우리는 하나님 나라의 희망을 포기하지 않을 것입니다. 하나님 나라의 사랑을 포기하지 않을 것입니다. 오늘 감사하고, 기뻐하고, 기도하고, 기대하며 사는 것이 행복입니다. 우리는 오늘 미래를 살기 때문입니다.

아내와 함께 아이들을 키우면서 깨달은 것이 있습니다. 부모로서 자녀에 대해 기도하지 않아도 되고 염려하지 않아도 될 날이 없다는 것입니다. 아이들이 젖병을 떼면 편해질 것 같고, 걸으면 쉬워질 것 같고, 학교에 들어가면 수월해질 것 같고, 대학에 가면 끝날 것 같고, 제대하면 다

될 것 같은데 전혀 그렇지 않습니다. 인생이 그런 것 같습니다. 그러니 현재를 담보로 미래에 행복할 수는 없습니다. 하나님이 선물present로 주신 현재present를 감사하며, 기뻐하며, 보람 있게 사는 것이 하나님께서 바라시는 것입니다. 우리가 하나님 안에 머물고 하나님과 함께 살아갈 때 어떤 상황에서도 지금을 감사하며 승리의 내일을 바라볼 수 있습니다.

선행 미루지 않기

하루하루를 살면서 잘못한 것 중 하나는 오늘 해야 할 선행을 미루는 것입니다. "사람이 해야 할 선한 일이 무엇인지 알면서도 하지 않으면, 그것은 그에게 죄가 됩니다"(17절). 성경은 불순종은 물론 자신이 마땅히 해야 할 선행을 하지 않은 것도 죄라고 합니다. 성도는 모든 순간에 하나님의 뜻과 마음을 따라 선행에 힘써야 합니다. 내일로 미루지 말고 즉각적인 순종과 실천을 해야 합니다.

잠언에 이런 구절이 있습니다. "너의 손에 선을 행할 힘이 있거든 도움을 청하는 사람에게 주저하지 말고 선을 행하여라. 너에게 가진 것이 있으면서도, 너의 이웃에게 '갔다가 다시 오시오 내일 주겠소' 하고 말하지 말아라"(잠 3:27-28). 하나님께서 좋은 생각과 선한 마음을 주실 때 순종하십시오. 선한 일을 미루는 것은 어리석은 것입니다. 예수님의 달란트 비유에서(마 25장) 한 달란트 받은 사람의 죄는 달란트를 땅에 묻어둔 채 아무것도 하지 않은 것입니다. 주인은 이 사람을 '악하고 무익한 종'이라고 책망하셨습니다. 이 사람은 해야 할 일을 미루고 하지 않았습니다. 하나님 없는 인생 경영에서는 아무것도 하지 않은 것은 문제가 되지 않습니다. 그러나 성도에게는 죄가 됩니다. 지혜로운 성도는 선행을 미루지 않습니다.

〈세 가지 질문〉이라는 톨스토이의 짧은 글은 이렇게 끝납니다. "그러니 기억하게. 가장 중요한 시간은 바로 지금이라네. … 가장 필요한 사람은 지금 만나고 있는 사람이네. … 그리고 가장 중요한 것은 그에게 선을 행하는 것이라네. 우리는 오직 그것을 위해서만 살아가도록 보냄을 받았기 때문이라네." 그렇습니다. 우리에게 가장 중요한 시간은 지금입니다. 우리에게 가장 중요한 사람은 지금 만나는 사람입니다. 우리에게 가장 중요한 일은 지금 만나는 사람에게 선한 일을 하는 것입니다. 이것이 하나님께서 우리에게 기대하시는 삶입니다. 이것이 지혜로운 성도의 삶이며 지혜로운 인생 경영입니다.

인생은 짧습니다. 우리는 내일을 알지 못합니다. 그러므로 하루하루 감사하며 선을 행하는 일에 최선을 다해야 합니다. 지금이 우리에게 주신 하나님의 최고의 선물입니다. 지금 없이는 어떤 미래도 없습니다. 기회는 언제나 오늘에 있습니다. 하나님의 은혜는 항상 오늘의 삶에 임합니다.

13장

재물이 복이 되려면

부자들은 들으십시오. 여러분에게 닥쳐올 비참한 일들을 생각하고 울며 부르짖으십시오. 여러분의 재물은 썩고, 여러분의 옷들은 좀먹었습니다. 여러분의 금과 은은 녹이 슬었으니, 그 녹은 장차 여러분을 고발할 증거가 될 것이요, 불과 같이 여러분의 살을 먹을 것입니다. 여러분은 세상 마지막 날에도 재물을 쌓았습니다. 보십시오, 여러분의 밭에서 곡식을 벤 일꾼들에게 주지 않고 가로챈 품삯이 소리를 지르고 있습니다. 그래서 그 일꾼들의 아우성 소리가 전능하신 주님의 귀에 들어갔습니다. 여러분은 이 땅 위에서 사치와 쾌락을 누렸으며, 살육의 날에 마음을 살찌게 하였습니다. 여러분은 의인을 정죄하고 죽였지만, 그는 여러분에게 대항하지 않았습니다(야고보서 5:1-6).

우리가 사는 세상은 재물이 전부이며, 재물이 모든 것을 결정하는 시대입니다. 우리는 돈 없이는 아무것도 할 수 없습니다. 물고기가 물을 떠나서는 살 수 없듯이, 사람은 돈을 떠나서는 살 수 없는 세상이 되었습니다. 재물은 우리의 일상뿐만 아니라 영적 삶에서도 매우 중요한 요소이며 동시에 매우 위험한 요소이기도 합니다.

돈은 무조건 좋은 것도 아니며, 무조건 나쁜 것도 아닙니다. 부자라고 불의한 것도 아니며, 가난하다고 의로운 것도 아닙니다. 그 반대도 마찬가지입니다. 재물은 하나님이 주시는 복 중 하나입니다. 하나님을 경외하는 자에게는 부와 재물이 있을 것이라고 했습니다(시 112:3). 하나님 앞에 의로운 욥은 당대의 거부였습니다. 족장 아브라함도 큰 부자였습니다. 반면에 믿음 때문에 부를 누리지 못한 사람들도 많습니다. 믿음 때문에 순교하고, 재산을 몰수당하고, 가난하게 산 사람들도 많이 있습니다(히 11:36-38).

재물은 하나님이 주시는 복이지만, 하나님은 그릇된 부자, 악한 부에 대해서는 강하게 책망하십니다. "부자들은 들으십시오. 여러분에게 닥쳐올 비참한 일들을 생각하고 울며 부르짖으십시오"(1절). 야고보 사도는 부자들에게 경고의 말을 선포합니다. 하지만 문맥을 살펴보면, 이는 단지 부자만이 아니라 재물에 대해 잘못된 생각과 경제생활이 바르지 못한 사람들을 향한 가르침입니다. 이들의 특징은 탐욕으로 재물을 추구하며, 재물을 인생 최고의 가치로 여기는 것입니다. 이들은 재물과 잘못된 관계를 맺은 사람들입니다. 그렇다면 행동하는 믿음을 가진 성도는 어떻게 올바른 경제생활을 해야 할까요?

바르게 벌어야 한다

첫 번째는 바르게 버는 것입니다. "보십시오, 여러분의 밭에서 곡식을 벤 일꾼들에게 주지 않고 가로챈 품삯이 소리를 지르고 있습니다. 그래서 그 일꾼들의 아우성 소리가 전능하신 주님의 귀에 들어갔습니다"(4절). 야고보 사도는 악한 부자들에게 경고하는데, 그들의 문제는 불의하게 돈을 버는 것입니다. 악한 부자는 노동자들을 불러 일을 시킨 후에 일방적으로 임금을 지급하지 않고 체불했습니다. 임금 체불賃金滯拂은 사용자가 근로자에게 마땅히 지급해야 할 임금을 지급하지 않고 미루는 행위입니다.

뙤약볕에서 열심히 일한 일꾼들은 품삯을 받지 못해 고통 가운데 하늘을 향해 울부짖었습니다. 그 일꾼들의 아우성이 전능하신 주님의 귀에까지 들렸습니다. 그런데 문제는 임금 체불이 어쩔 수 없이 벌어진 일이 아니라는 것입니다. 부자는 일부러 임금을 주지 않았습니다. 이것이 이 악한 부자가 돈을 버는 방법이었습니다. 그는 임금을 착취하고 가로챘습니다. 이 부자는 불의하게 돈을 벌고 재물을 쌓았습니다. 성경은 돈을 벌고 부를 쌓는 것이 나쁘다고 하지 않습니다. 문제는 '어떻게 돈을 버느냐'입니다. 성경은 잘못된 방법으로 부를 축적하는 것을 경고합니다. 재물과 잘못된 관계를 맺은 사람은 재물을 얻는 방법이 잘못되어 있습니다.

이 부자의 문제는 돈을 벌고 모으는 방법이 잘못된 것에 있습니다. 하나님은 잘못된 방법으로 얻은 재물을 인정하지 않습니다. "곤궁하고 빈한한 품꾼은 너희 형제든지 네 땅 성문 안에 우거하는 객이든지 그를 학대하지 말며 그 품삯을 당일에 주고 해 진 후까지 미루지 말라. 이는 그가 가난하므로 그 품삯을 간절히 바람이라 그가 너를 여호

와께 호소하지 않게 하라. 그렇지 않으면 그것이 네게 죄가 될 것임이라"(신 24:14-15, 개역개정). 이것이 하나님께서 주신 법입니다. 하루 벌어 하루 사는 일꾼들에게 그날의 품삯을 미루지 말고 주라고 하셨습니다. 하나님은 그들의 호소를 들으신다고 하셨습니다. 야고보서가 기록될 당시 많은 이들이 하루 품삯으로 사는 하루살이 품꾼이었습니다. 그들이 받는 삯은 겨우 하루 먹고살 정도였습니다. 품삯을 받지 못하면 굶을 수밖에 없는 절박한 상황에서 일했습니다.

이런 상황이 계속되면 일꾼들이 법정에 호소합니다. 법을 통해 해결하려고 합니다. 법정을 통해 권리를 보장받으려는 것은 당연합니다. 그러나 법정에서조차 불의한 재판이 내려집니다. "여러분은 의인을 정죄하고 죽였지만, 그는 여러분에게 대항하지 않았습니다"(6절). 여기서 의인은 우리를 부요하게 하시려고 대속의 가난을 짊어지신 예수님을 상징하지만, 앞에서 말한 품삯을 받지 못해 법정에 호소하는 사람들이기도 합니다. 그러나 법정은 오히려 의로운 약자를 누르고 불의한 부자의 손을 들어줍니다.

야고보 사도는 2장 6절에서 말합니다. "그런데 여러분은 가난한 사람을 업신여겼습니다. 여러분을 압박하는 사람은 부자들이 아닙니까? 또 여러분을 법정으로 끌고 가는 사람도 바로 그들이 아닙니까?" 돈에 매수된 법관들은 불의한 판결을 내리고 불의한 부자들의 악한 행위는 멈추지 않는 사회적 악순환이 계속됩니다. 예레미야 선지자는 이같이 경고합니다. "불의로 궁전을 짓고, 불법으로 누각을 쌓으며, 동족을 고용하고도, 품삯을 주지 않는 너에게 화가 미칠 것이다"(렘 22:13). 야고보 사도도 경고합니다. "부자들은 들으십시오. 여러분에게 닥쳐올 비참한 일들을 생각하고, 울며 부르짖으십시오"(1절).

그렇습니다. 경제생활은 신앙생활의 중요한 영역입니다. 우리는 모든 삶의 영역에서 하나님의 말씀을 따라야 합니다. 바른 경제생활의 시작은 바른 경제관을 가지고 바른 방법으로 소득을 얻는 것입니다. 우리는 일터에서 성실하게 힘써 일해야 합니다. 돈을 벌기 위해 사람을 이용해서는 안 됩니다. 거짓과 속임수를 써도 안 됩니다. 우리가 얼마를 벌든 정직하고 성실하게 일해 번 것이야말로 소중하고 가치 있는 재물입니다. 하나님이 기뻐하시는 재물입니다. "쉽게 얻는 재산은 줄어드나, 손수 모은 재산은 늘어납니다"(잠 13:11). 일확천금을 꿈꾸지 않고 내게 주신 직장, 직업에 감사하며 성실하게 땀 흘려 재물을 얻는 기쁨은 하나님의 선물입니다.

바르게 사용해야 한다

재물은 버는 것도 중요하지만 쓰는 것은 더 중요합니다. 우리는 재물을 바르게 사용해야 합니다. "개 같이 벌어 정승같이 쓴다"라는 말이 있습니다. 정승은 고려 시대 으뜸가는 벼슬이지만, 여기서는 고상하고 훌륭한 사람을 말합니다. 천한 일을 해서 번 돈이라도 보람 있고 가치 있게 쓰라는 것입니다. 이 말은 직업의 귀천을 따질 때 사용됩니다. 개 같이 버는 천한 직업은 없습니다. 우리의 일터와 직장과 기업에는 귀천이 없으며 모두 하나님이 주신 사명입니다. 어르신들이 동네 청소하는 것도 사명입니다. 그러니 우리는 항상 정승같이 일하고 정승같이 사용해야 합니다.

"여러분의 재물은 썩고, 여러분의 옷들은 좀먹었습니

다. 여러분의 금과 은이 녹슬었으니, 그 녹은 장차 여러분을 고발할 증거가 될 것이요, 불과 같이 여러분의 살을 먹을 것입니다. 여러분은 세상 마지막 날에도 재물을 쌓았습니다"(2-3절). 이 부자들은 재물을 모아서 쌓아 두기만 했습니다. 쌓는 것이 목적입니다. 성경은 이들에게 경고합니다. 재물의 목적은 쌓는 것이 아니기 때문입니다. 금과 은과 옷은 당시 부자들의 상징이었습니다. 이들은 좋은 옷을 입었고, 금과 은을 계속 모으면서도 재물을 바르게 사용하지는 않았습니다.

물론 저축하고 모으는 것 자체가 잘못은 아닙니다. 바울 사도는 "부모가 자식을 위하여 재산을 모아 두는 것이 마땅합니다"(고후 12:14)라고 했습니다. 마태복음 25장의 달란트 비유에서 종들에게 돈을 맡겼던 주인은 하나도 남기지 못한 종에게 이자라도 남기는 것이 마땅하다고 했습니다. 우리가 노후를 위해 저축하고, 만약을 대비해 경제적으로 준비하는 것은 필요하고 중요합니다.

그런데 책망을 받은 부자들은 일꾼들에게 임금을 지급하지 않고 오직 자기를 위해 쌓았습니다. 마땅히 사용해야 할 것에 사용하지 않고 이기적인 마음으로 쌓아 놓고 호사를 누렸습니다. 자기밖에 몰랐습니다. 마땅히 돌봐주어야 할 사람들에게 무관심하고 책임을 다하지 않았습니다.

재물에는 책임이 따릅니다. 바르게 버는 것도 중요하지만, 번 돈에 대한 책임을 잊지 말아야 합니다. 재물은 바르게 사용하고 선하게 사용할 때 진정한 복이 됩니다. 재물은 어떻게 벌고 어떻게 사용하느냐에 따라 가치가 결정됩니다. 돈이 많다고 부자가 아니라, 필요한 곳에 책임 있게 사용하고 베푸는 사람이 부자입니다. 재물에 대한 우리의 바른 생각은 '모든 재물의 주인은 하나님이시다'라는 믿음입니다. 재물은 하나님이 주신 은혜이고 복이라는 믿음을 가질 때, 우리는 재물의 주인이신 하나님이 원하시고 기뻐하시는 방법으로 벌고, 하나님의 뜻에 따라 재물을 사용하게 됩니다.

우리는 열심히 일해서 재물이라는 가치를 만들었습니다. 그런데 재물의 참 가치는 무슨 목적으로 어떻게 사용하느냐로 결정됩니다. 바울 사도는 말합니다. "누구든지 … 가족을 돌보지 않으면 그는 벌써 믿음을 저버린 사람이요, 믿지 않는 사람보다 더 나쁜 사람입니다"(딤전 5:8). 그리고 이어서 말합니다. "돈을 사랑하는 것이 모든 악의 뿌리입니다"(딤전 6:10).

그렇습니다. 돈은 사랑의 대상이 아닙니다. 돈을 사랑함이 모든 악의 뿌리가 됩니다. 재물을 사랑하면 재물이 우리의 주인이 되기 때문입니다. 재물의 주인은 하나님이시며, 하나님은 하나님과 이웃을 사랑하는 데 재물 사용하기를 원하십니다. 그런데 경고와 책망을 받은 부자들은 반대로 살았습니다. 그들은 재물을 사랑했습니다. 그 결과 사람을 돌보고 사랑하지 않았습니다. 임금을 제대로 주지 않고 가난한 이웃을 돌보지 않았습니다. 사랑하고 돌봐주어야 할 사람들에게 무관심했습니다. 주님께서 말씀하셨습니다. "너희는 조심하여, 온갖 탐욕을 멀리하여라. 재산이 차고 넘치더라도, 사람의 생명은 거기에 달려 있지 않다"(눅 12:15).

재물을 바르게 사용하는 것은 성도의 사명입니다. 우리도 재물을 쌓습니다. 그러나 쌓는 방법이 다릅니다. 우리는 재물을 하늘에 쌓습니다. 선한 일에, 사람을 위해, 주님의 영광을 위해 사용할 때, 재물은 하늘에 쌓입니다. 주님의 말씀입니다. "너희는 자기를 위하여 보물을 땅에다가 쌓아 두지 말아라. 땅에서는 좀이 먹고 녹이 슬어서 망가지며, 도둑들이 뚫고 들어와서 훔쳐간다. 그러므로 너희를 위하여 보물을 하늘에 쌓아 두어라. 거기에는 좀이 먹고 녹이 슬어서 망가지는 일이 없고, 도둑들이 뚫고 들어와서 훔쳐 가지도 못한다. 너의 보물이 있는 곳에, 너의 마음도 있을 것이다"(마 6:20-21). 우리의 보물은 어디에 있습니까? 우리의 마음은 어디에 있습니까?

재물 사용의 원칙

감리교 창시자 존 웨슬리는 '돈의 사용'이라는 설교에서 재물 사용의 원칙에 대해 이렇게 말했습니다. "열심히 벌어라. 할 수 있는 한 아껴라. 할 수 있는 한 베풀어라 Gain all you can. Save all you can. Give all you can ." 이는 모든 감리교도의 재물 사용의 원칙이 되었습니다. 우리는 성실하게 열심히 일해야 합니다. 노동은 우리에게 주신 거룩한 사명입니다. 내 일터와 사업장은 하나님이 우리에게 맡기신 사명입니다. 행동하는 믿음의 성도는 정직하고 성실하게 열심히 일해서 돈을 벌어야 합니다.

또한 우리는 할 수 있는 한 절약해야 합니다. 무조건 아끼고 저축하라는 말이 아닙니다. 지혜롭게 분별력을 가지고 돈을 어떻게 사용할지를 결정해야 합니다. 사치와 낭비가 없는 경제생활이 성도의 행동하는 믿음입니다. 우리의 즐거움을 위해 사느라 이웃을 돌보지 않고, 이웃의 울부짖음과 아픔을 보지 못한다면 이는 재물의 바른 사용이 아닙니다. 우리가 환경을 지키고 자연을 보호하기 위해서도 절제하고 아끼고 불편을 감수해야 합니다. 단지 쌓기 위해 아끼고 저축하는 것이 아니라 필요한 곳에 베풀고 나누며 하나님 나라와 주님의 교회와 세상의 평화를 위해 헌신하기 위해 힘쓰는 것이 바른 모습입니다.

물론 삶의 평안과 기쁨을 위해 재물을 사용할 수 있습니다. 바울 사도는 이렇게 말합니다. "그대는 이 세상의 부자들에게 명령하여, 교만해지지도 말고, 덧없는 재물에 소망을 두지도 말고, 오직 우리에게 모든 것을 풍성히 주셔서 즐기게 하시는 하나님께 소망을 두라고 하십시오"(딤전

6:17). 우리는 재물에 소망을 두지 않지만, 하나님은 복으로 주신 재물을 누리고 즐길 권한을 주셨습니다.

재물의 청지기

우리가 가진 만큼 책임도 있습니다. 하나님은 많이 맡긴 사람에게는 많은 대로, 적게 맡긴 사람에게는 적은 대로 책임을 주셨습니다. 재물에 대한 성도의 책임을 잘 표현한 것이 '청지기stewardship'입니다. 청지기는 집안의 모든 일을 맡아 관리하는 사람입니다. 우리가 재물의 청지기가 된다는 것은, 재물은 하나님께서 맡겨주신 사명이라는 믿음으로 하나님의 뜻을 따라, 하나님 나라를 위해 사용하는 것을 말합니다.

우리의 헌금은 재물과 복의 주인은 하나님이시라는 믿음의 고백입니다. 우리는 헌금을 통해 하나님의 선하심과 공급하심을 신뢰하며 하나님의 은혜에 감사하고, 하나님께 진실한 사랑을 고백합니다. 우리는 헌금을 통해 선한 일에 참여합니다. 봉사와 구제, 선교와 전도, 예배와 모든 사역을 통해 주님의 선한 일을 이루어갑니다. 또한 헌금은 하나님이 베풀어 주실 복의 씨앗입니다.

코로나19와 우크라이나와 러시아의 전쟁 등으로 온 세계가 경제 침체 가운데 있습니다. 이럴 때일수록 재물에 대한 바른 생각과 믿음으로 살아야 합니다. 부족함을 불평하지 말고, 은혜로 주신 작은 것에도 감사해야 합니다. 어떤 상황 속에서도 은혜의 주님이 우리와 함께하심을 신뢰합시다. 항상 믿음의 생각을 하며, 어려움 중에도 나눔과 섬김의 삶을 멈추지 맙시다. 작은 것이라도 사랑의 마음으로 나눈다면 우리의 삶은 주님의 사랑 안에서 평안하고 소망이 넘칠 것입니다.

돈으로 집을 살 수는 있지만, 행복한 가정을 살 수는 없습니다. 돈으로 침대를 살 수는 있지만, 단잠을 살 수는 없습니다. 돈으로 음식을 살 수는 있지만, 입맛을 살 수는 없습니다. 돈으로 약은 살 수 있지만, 건강을 살 수는 없습니다. 우리는 이미 돈으로는 살 수 없는 가장 귀하고 좋은 것을 누리고 있습니다. 하나님의 사랑, 주님의 십자가의 은혜, 성령님의 은사, 성도들의 기도, 우리의 가정과 가족과 친구들, 아침의 눈부신 햇살과 가을의 푸른 하늘을 누리는 우리는 행복한 사람, 하나님의 자녀입니다.

우리의 재정 생활은 어떻습니까? 재물보다 하나님을 더욱 사랑합니까? 우리를 웃게도 하고 울게도 하는 재물입니다. 하지만 우리는 재물의 노예가 아니라 선한 청지기가 되어야 합니다. 작은 것에 감사하며, 기쁨으로 나누며, 사랑으로 섬기는 삶을 살아야 합니다. 참새 한 마리도 돌보시는 하나님께서 우리의 삶에 풍성한 은혜와 기쁨과 평화를 가득 채워 주실 것입니다.

14장

인내의 은혜

그러므로 형제자매 여러분, 주님께서 오실 때까지 참고 견디십
시오. 보십시오, 농부는 이른 비와 늦은 비가 땅에 내리기까지 오
래 참으며, 땅의 귀한 소출을 기다립니다. 여러분도 참으십시오.
마음을 굳게 하십시오. 주님께서 오실 때가 가깝습니다. 형제자
매 여러분, 심판을 받지 않으려거든, 서로 원망하지 마십시오. 보
십시오, 심판하실 분께서 이미 문 앞에 서 계십니다. 형제자매 여
러분, 주님의 이름으로 예언한 예언자들을 고난과 인내의 본보기
로 삼으십시오. 보십시오. 참고 견딘 사람은 복되다고 우리는 생
각합니다. 여러분은 욥이 어떻게 참고 견디었는지를 들었고, 또
주님께서 나중에 그에게 어떻게 하셨는지를 알고 있습니다. 주
님은 가여워하시는 마음이 넘치고, 불쌍히 여기시는 마음이 크십
니다. 나의 형제자매 여러분, 무엇보다도 맹세하지 마십시오. 하
늘이나 땅이나 그 밖에 무엇을 두고도 맹세하지 마십시오. 다만,
"예" 해야 할 경우에는 오직 "예"라고만 하고, "아니오" 해야 할 경

우에는 오직 "아니오"라고만 하십시오. 그렇게 해야 여러분은 심판을 받지 않을 것입니다(야고보서 5:7–12).

예수님을 생각하면 제일 먼저 떠오르는 것이 십자가입니다. 우리는 모일 때마다 '본디오 빌라도에게 고난을 받으사 십자가에 못박혀 죽으신' 예수님을 고백합니다. 그리스도의 고난을 본받고자 힘썼던 바울은 고백합니다. "내가 바라는 것은, 그리스도를 알고, 그분의 부활의 능력을 깨닫고, 그분의 고난에 동참하여, 그분의 죽으심을 본받는 것입니다"(빌 3:10). 예수님처럼 33세에 세상을 떠난 고난의 영성가 이용도 목사님은 "고난은 나의 선생, 가난은 나의 애처"라고 노래했습니다. 고난은 기독교 신앙의 핵심 영성입니다.

야고보 사도는 흩어진 열두 지파에게 보내는 편지를 마무리하면서 다시 고난을 말합니다. 예수님을 따르려면 고난을 피할 수 없습니다. 바울 사도는 심지어 이렇게 말합니다. "그리스도 예수 안에서 경건하게 살려고 하는 사람은 모두 박해를 받을 것입니다"(딤후 3:12). 바꾸어 말하면, 박해와 고난이 없다면 우리는 자신이 경건하게 살고 있는지 묻고 확인해 보아야 합니다. 예수님을 믿으면 고난이 사라지는 것이 아니라, 오히려 더 많은 고난을 만나기도 합니다. 신앙생활은 고난과 깊이 연결되어 있습니다. 그렇기 때문에 고난에 대해 바른 생각을 하며, 어떻게 고난과 맞서고 이겨나가는지를 배워야 합니다. 예수님 안에서 누리는 기쁨과 행복은 고난이 없기에 누리는 것이 아니라, 고난에도 불구하고 누리는 행복입니다.

야고보가 편지를 보낸 흩어진 열두 지파인 하나님의 백성은 고난과 시련과 박해에 직면해 있었습니다. 우리도 크고 작은 고난 중에 있습니다. 코로나19로 인한 고통, 경제적 어려움, 육체적 질병, 마음의 상처, 정신적 불안과 상실감 등으로 힘든 분들이 많이 있습니다. 고난 중에 우리의 믿음은 어떻게 작동할까요? 우리는 어떻게 고난을 넘어설 수 있을까요?

참고 견디다

야고보 사도는 고난 가운데 있는 성도들에게 참고 견디라고 합니다. "형제자매 여러분, 주님께서 오실 때까지 참고 견디십시오"(7절). 인내하라는 것입니다. "여러분은 믿음의 시련이 인내를 낳는다는 것을 알고 있습니다. 여러분은 인내력을 충분히 발휘하여 조금도 부족함이 없이 완전하고 성숙한 사람이 되십시오"(약 1:3-4). 편지 마지막에 또다시 고난 중에 참고 견디라고 합니다(7, 8, 10, 11절).

'참고 견디라(길이 참으라)'는 주로 사람으로 인해 겪는 고난 중에도 자신을 지키고 흔들림이 없는 것을 말합니다. 어려움은 대부분 관계에서 옵니다. '인내'는 박해나 외적인 상황에서 생긴 고난을 이겨내는 것을 말합니다. 하지만 두 단어 모두 같은 의미로 사용해도 좋을 것 같습니다. 야고보 사도는 우리가 어떤 상황에서도 포기하지 않고 참고 견디어야 함을 말하고 있기 때문입니다.

야고보 사도는 고통당하는 성도들에게 고난을 이기는 가볍고 쉬운 어떤 비결을 주지 않습니다. 단지 참고 인내하라고 합니다. 인내는 고난을 겪는 성도들에게 매우 중요하고 필요한 신앙 덕목입니다. 인내는 초대 교회의 성도들이 가진 가장 강력한 승리 방식이었습니다. 그리스도인은 인내함으로 승리합니다.

믿음의 열매, 인내

'참고 견디라'는 곧 '믿음을 견고히 하라'는 뜻입니다. 야고보 사도는 참으라는 말과 함께 예수님의 재림에 관해서 말합니다. "주님께서 오실 때까지"(7절) 오래 참으라고 합니다. "주님께서 오실 때가 가깝다"(8절)고 합니다. "심판하실 분이 문 앞에 서 계신다"(9절)고 합니다. 야고보 사도는 인내를 말하면서 왜 예수님의 다시 오심을 반복해서 말할까요?

진정한 인내는 예수님의 다시 오심에 대한 확신과 믿음의 기초 위에서 가능하기 때문입니다. 우리는 무조건 참고 견뎌야 하는 것이 아닙니다. 우리는 믿고 확신함으로 인내할 수 있습니다. 그 확신과 믿음이 없다면 오래 참을 수 없습니다. "너희에게 인내가 필요함은 너희가 하나님의 뜻을 행한 후에 약속하신 것을 받기 위함입니다"(히 10:36). 약속하신 것을 받으려면 인내가 필요합니다. 바울 사도도 말합니다. "우리가 보이지 않는 것을 바라면, 참으면서 기다려야 합니다"(롬 8:25). 우리에게는 바라는 것이 있기 때문에 참아야 합니다.

바라는 것의 첫째는 예수님의 재림입니다. 예수님의 재림을 확신할 때 인내할 수 있습니다. 예수님의 재림은 우리의 핵심 소망의 하나입니다. 교회는 어떤 상황에서도 종말론적 재림 신앙으로 고난을 이겼습니다. 예수님께서 승천하실 때 제자들은 음성을 들었습니다. "갈릴리 사람들아, 어찌하여 하늘을 쳐다보면서 서 있느냐? 너희를 떠나서 하늘로 올라가신 이 예수는, 하늘로 올라가시는 것을 너희가 본 그대로 다시 오실 것이다"(행 1:11).

예수님께서 다시 오신다는 믿음이 초대 교회 성도들에게는 가장 큰 힘이었고 소망이었습니다. "억울하게 고난을 당하더라도 하나님을 생각하면서 괴로움을 참으면, 그것은 아름다운 일입니다"(벧전 2:19). 그들은 모일 때마다 하나님의 약속을 생각하며 '마라나타!'라고 인사했습니다. 이 말은 '주님, 오십시오!'라는 뜻입니다. 그들은 성찬을 행할 때마다 다시 오실 주님을 노래했습니다. 주님의 오심을 열망하여 박해와 고난을 참고 견뎌냈습니다. 우리는 주님 재림의 신앙을 회복해야 합니다. 예수님의 재림은 우주적인 종말을 의미하지만, 우리 각자에게는 개인적인 종말도 있습니다. 안개와 같은 인생을 사는 우리는 늘 깨어 주님 오심을 바라보아야 합니다. "심판하실 분께서 이미 문 앞에 서서 계심"(9절)을 잊지 말아야 합니다. 우리는 견고한 믿음으로 인내의 열매를 얻을 수 있습니다.

환난과 역경이 없는 것이 신앙생활의 목적이 아닙니다. 바울과 바나바는 성도들을 이렇게 격려했습니다. "우리가 하나님 나라에 들어가려면, 반드시 많은 환난을 겪어야 합니다"(행 14:22). 오히려 환난과 역경을 통해 우리의 믿음이 자라며, 영적 시야가 넓어지고, 예수님을 닮아가며 인내의 아름다운 열매를 맛보게 됩니다. 주께서 말씀하셨습니다. "세상에서는 너희가 환난을 당하나 담대하라 내가 세상을 이기었노라"(요 16:33).

우리는 견고한 믿음으로 고난과 위기 중에도 오래 참고 인내해야 합니다. 예수님의 재림이 완전한 역사의 완성이라면, 부활의 주님은 지금 우리와 함께하셔서 완성을 향한 승리의 길로 인도하십니다. 우리와 함께하시는 부활의 주님을 의지합시다.

농부처럼

야고보 사도는 인내를 얘기하면서 농부를 보라고 합니다. "농부는 이른 비와 늦은 비가 땅에 내리기까지 오래 참으며, 땅의 귀한 소출을 기다립니다"(7절). 농사를 잘 짓기 위해서는 하늘에서 내리는 비와 햇빛과 공기가 얼마나 중요한지 모릅니다. 이스라엘 땅에는 10–11월에 내리는 '이른 비'와 3–4월에 내리는 '늦은 비'가 매우 중요합니다. 이른 비는 흙을 부드럽게 해서 파종과 싹이 나서 잘 자라게 하고, 늦은 비는 과일과 곡식이 풍성하게 열매 맺게 합니다. 그러므로 농부가 농사를 잘 지으려면 때를 맞추어 내리는 적당한 비가 오기를 기다려야 합니다. 가뭄과 건조기를 잘 참아내며 기다려야 합니다.

농부가 참고 기다리는 이유가 무엇입니까? 귀한 열매가 있기 때문입니다. 농부는 씨를 뿌리는 사람들입니다. 씨를 뿌릴 때 열매를 기대합니다. 열매는 기다릴 가치가 있습니다. 우리는 농부에게 귀한 열매를 바라보며 참는 법을 배웁니다. 때를 기다리는 농부는 가뭄도 폭풍우도 잘 참아냅니다. 심은 것을 돌보는 수고를 아끼지 않습니다.

우리는 모두 신앙의 농부입니다. 우리도 신앙의 귀한 열매를 거두기 위해 잘 참아야 합니다. "선한 일을 하다가, 낙심하지 맙시다. 지쳐서 넘어지지 않으면, 때가 이를 때에 거두게 될 것입니다"(갈 6:9). 신앙의 열매는 오랜 기다림과 인내를 통해 거둘 수 있습니다. 우리가 뿌린 믿음과 소망과 사랑의 씨앗이 열매를 맺기까지 참고 기다려야 합니다.

우리는 주님의 재림을 기다리면서, 우리 삶의 거룩한 열매도 기다립니다. 우리는 하나님 나라의 거룩한 백성으로 변화되고 성장하며 아름다운 성품을 형성하기까지 농부의 마음으로 인내해야 합니다. 내 안에 뿌려진 생명의 씨앗이 성령의 열매로 풍성히 열매 맺도록 성장하고 성숙하기를 기다려야 합니다. 우리가 인내한다면, 고난과 역경은 우리를 더욱 성장하고 성숙하게 할 것입니다. "그뿐만 아니라,

우리는 환난을 자랑합니다. 우리는 환난은 인내력을 낳고, 인내력은 단련된 인격을 낳고, 단련된 인격은 희망을 낳는 줄을 알기 때문입니다. 이 희망은 우리를 실망시키지 않습니다"(롬 5:3-5). 고난을 통해 일하시는 하나님의 능력과 손길을 신뢰합시다. 농부와 같이 열매를 바라보며 인내합시다. 어떤 위기와 역경과 고난과 상황 속에서도 흔들리지 않는 믿음으로 참아내는 이에게 풍성한 열매의 기쁨이 넘칠 것입니다. 인내함으로 우리의 믿음 농사를 잘 지읍시다.

마음 돌보기

고난이 올 때 잘 참고 인내하기 위해서는 마음을 잘 돌봐야 합니다. 야고보 사도는 이 점에 대해 세 가지로 말합니다. 첫째, 마음을 굳건히 하라고 합니다. "여러분도 참으십시오. 마음을 굳게 하십시오. 주님께서 오실 때가 가깝습니다"(8절). 어려움이 오면 우리의 마음은 병들기 쉽습니다. 그 어려움이 관계의 문제일 때 더욱 그렇습니다. 대체로 믿음으로 바르게 살려는 착한 성도들이 더 상처를 받습니다. 내게 어려움과 아픔을 주는 사람에게 함부로 말하지도 못하고, 받은 대로 갚을 줄도 모르고, 그저 안으로 삭이면서 마음이 무너지곤 합니다. 그래서 야고보 사도는 우리의 마음이 무너지지 않도록 '굳게 하라'고 합니다.

여기서 '굳게 한다'는 것은 무거운 것도 잘 지탱하는 튼튼한 기둥 같은 모습입니다. 마음을 굳게 한다는 것은 어떤 삶의 무게도 견디어 낼 수 있도록 강해진다는 뜻입니다. 무엇이든 감당하고 견디고 이겨내는 힘이 있다는 뜻입니다. 마음이 따뜻하고 부드럽다고 강하지 않은 것이 아닙니다. 우리의 마음은 착하고 부드러우면서도 얼마든지 강해질 수 있습니다. 우리의 어머니들이 그렇지 않았습니까? 온갖 고난과 슬픔과 어려움 중에도 자녀들을 따뜻하게 품으면서 강하게 지켜 온 우리 어머니들을 생각해 보십시오. 마음이 강해야 모든 고난과 아픔을 견디고 인내하며 이겨낼 수 있습니다. 우리가 믿고 의지할 하나님을 바라보면 강해질 수 있습니다. 어려움이 올 때마다 하나씩 하나씩 감당하면 마음의 근육이 튼튼해집니다. 우리는 고난을 겪으면서 더욱 강해질 수 있습니다.

둘째, 원망하지 말라고 합니다. "형제자매 여러분, 심판을 받지 않으려거든, 서로 원망하지 마십시오. 심판하실 분께서 이미 문 앞에 서 계십니다"(9절). 우리는 어려움이 오면 자칫 누군가를 원망하거나 책임을 떠넘기기 쉽습니다. 어려울 때 원망과 불평은 가장 쉬운 반응이지만, 전혀 도움이 되지 않습니다. 가족 간에, 일터에서, 사업을 하면서, 교회에서 사역하면서도 여러 가지 어려움을 만납니다. 그러나 이때 우리는 원망하거나 불평하지 말아야 합니다. 우리의 마음을 잘 돌보아야 합니다. 원망은 서로의 마음에 상처만 남깁니다. 원망하면 우리의 마음이 무너집니다. 무슨 일이든지 불평(원망)과 시비가 없이 해야 합니다(빌 2:14).

원망과 불평을 하지 않으려면 감사의 마음으로 채워야 합니다. 심판의 주님께서 문 앞에 서 계시니 우리는 주님을 의지하고 신뢰하며 감사할 수 있습니다. 무슨 일이든 불평과 시비 없이, 모든 일에 감사로 하는 것이 우리가 가져야 할 태도입니다. 감사하면 어떤 일이든 참고 이겨낼 수 있습니다.

셋째, 맹세하지 말라고 합니다. "형제자매 여러분, 무엇보다도 맹세하지 마십시오. 하늘이나 땅이나 그 밖에 무엇을 두고도 맹세하지 마십시오"(12절). 맹세가 고난과 인내와 어떤 관계가 있기에 하지 말라고 했을까요? 여기서 맹세란 고난이 올 때 무거운 짐을 벗어버리려고 성급하게 결정하고 약속하는 것을 말합니다. 이 약속에는 섣부른 하나님과의 약속과 사람과의 약속이 있습니다. 고난의 무게를 이기고 견딜 강한 마음이 없을 때 이런 일이 일어납니다. 그러므로 고난이 오면 우리는 오직 하나님의 선하심과 약속을 붙잡아야 합니다. 고난이 올 때 상황에 집중하거나, 힘들게 한 사람에게 집중하거나, 고통스러운 자신에게 집중하거나, 현재에 집중하는 것은 좋은 태도가 아닙니다. 우리는 오직 하나님께 초점을 맞추어야 합니다. 우리 인생의 주인은 하나님이시며, 하나님 안에서는 어떤 고난도 유익하기 때문입니다. 하나님이 우리에게 주실 밝은 미래가 있기 때문입니다. "현재 우리가 겪는 고난은, 장차 우리에게 나타날 영광에 견주면, 아무것도 아니라고 나는 생각합니다"(롬 8:18). 하나님은 서두르지 않습니다. 하지만 우리가 고난을 통과하여 놀라운 기쁨과 영광을 누릴 것을 약속해 주셨습니다. 그리고 그렇게 승리하도록 우리와 함께하십니다.

고난과 인내의 본보기

성경을 보면 많은 믿음의 선조들이 고난을 인내함으로 이겼습니다. 그분들은 우리에게 승리의 본을 보여 주십니다. 우리는 그분들을 본받으면 됩니다. 야고보 사도는 말합니다. "형제자매 여러분, 주님의 이름으로 예언한 예언자들을 고난과 인내의 본보기로 삼으십시오. 참고 견딘 사람은 복되다고 우리는 생각합니다. 여러분은 욥이 어떻게 참고 견디었는지를 들었고, 또 주님께서 나중에 그에게 어떻게 하셨는지를 알고 있습니다. 주님은 가여워하시는 마음이 넘치고, 불쌍히 여기시는 마음이 크십니다"(10-11절). 우리는 예언자들을 보면서, 고난의 대명사인 욥을 보면서 인내를 배우고 고난을 넘어갈 수 있습니다. 우리는 훌륭한 하나님의 사람들도 고난을 받았다는 사실에 위로를 받고, 하나님이 함께하셔서 승리한 그들의 모습에서 희망을 갖습니다.

고난과 역경의 때는 인내함으로 하나님을 구하며 찾아야 할 때입니다. 더욱더 주님을 의지할 때입니다. 고난은 결코 우리를 무너뜨릴 수 없습니다. 오히려 우리에게 은혜의 기회가 됩니다. 성장의 기회가 됩니다. 복의 기회가 됩니다. 고난은 우리를 더욱 강하게 하고, 깊어지게 하고, 거룩하게 합니다. 그래서 바울은 고난받기를 즐거워했습니다(골 1:24).

지금 겪는 고난과 역경으로 인해 절망하지 맙시다. 포기하지 맙시다. 다시 오실 주님을 바라보며 인내합시다. 의로우신 주님을 신뢰합시다. 부활의 주님이 우리와 함께하십니다. 우리를 향한 하나님의 사랑은 변함이 없습니다. 농부와 같이, 선지자와 같이, 욥과 같이 끝까지 인내함으로 하나님의 영광을 보며 승리의 깃발을 흔드는 복된 성도들이 됩시다.

15장
기도하는 공동체

여러분 가운데 고난을 받는 사람이 있습니까? 그런 사람은 기도
하십시오. 즐거운 사람이 있습니까? 그런 사람은 찬송하십시오.
여러분 가운데 병든 사람이 있습니까? 그런 사람은 교회의 장로
들을 부르십시오. 그리고 그 장로들은 주님의 이름으로 그에게
기름을 바르고, 그를 위하여 기도하여 주십시오. 믿음으로 간절
히 드리는 기도는 병든 사람을 낫게 할 것이니, 주님께서 그를 일
으켜 주실 것입니다. 또 그가 죄를 지은 것이 있으면, 용서를 받
을 것입니다. 그러므로 여러분은 서로 죄를 고백하고, 서로를 위
하여 기도하십시오. 그러면 여러분은 낫게 될 것입니다. 의인이
간절히 비는 기도는 큰 효력을 냅니다. 엘리야는 우리와 같은 본
성을 가진 사람이었지만, 비가 오지 않도록 해 달라고 간절히 기
도하니, 삼 년 육 개월 동안이나 땅에 비가 내리지 않았으며, 다
시 기도하니, 하늘이 비를 내리고, 땅은 그 열매를 맺었습니다.
나의 형제자매 여러분, 여러분 가운데서 진리를 떠나 그릇된 길

을 가는 사람이 있을 때에, 누구든지 그를 돌아서게 하는 사람은 이 사실을 알아두십시오. 죄인을 그릇된 길에서 돌아서게 하는 사람은 그 죄인의 영혼을 죽음에서 구할 것이고, 또 많은 죄를 덮어줄 것입니다(야고보서 5:13-20).

　　야고보 사도는 편지의 마지막에 행동하는 믿음의 성도들이 세우는 거룩한 공동체의 모습을 이야기합니다. 성도 혼자서는 결코 믿음의 삶을 온전히 살 수 없습니다. 성도는 사랑의 교제 속에서 그리스도의 몸을 이루는 어머니 같은 교회의 품에서 성장하고 변화하며, 주님 오실 때까지 교회와 함께 승리의 삶을 살아갈 수 있습니다. 야고보 사도가 말하는 공동체는 어떤 공동체일까요? 한마디로 '기도하는 공동체'입니다. 교회를 설명하는 많은 표현이 있습니다. 교회는 사랑의 공동체, 믿음의 공동체, 소망의 공동체, 부활의 공동체입니다. 야고보 사도는 특별히 기도의 공동체에 관해서 말합니다.

고난 중에는 기도, 즐거울 때는 찬송

　건강하고 행복한 교회는 기도하고 찬송합니다. 언제 기도하고, 언제 찬송합니까? 야고보 사도는 이같이 말합니다. "여러분 가운데 고난을 받는 사람이 있습니까? 그런 사람은 기도하십시오. 즐거운 사람이 있습니까? 그런 사람은 찬송하십시오"(13절). 한 개인이 아니라 '여러분'이라고 합니다. 공동체에게 주시는 말씀입니다. 성도는 고난 중에 기도하고, 즐거울 때 찬송합니다. 믿음의 공동체의 가장 중요한 특징 중 하나는 기도와 찬양입니다. 그리스도의 몸을 이루는 지체로서 우리는 기도하고 찬양합니다. 기도와 찬송은 하나님이 우리에게 주신 거룩한 언어입니다. 생명의 언어입니다. 승리의 언어입니다. 기도와 찬송은 성도가 살아가는 삶의 방식입니다. 하나님은 성도의 기도와 찬양을 통해 일하시고 언약을 이루시기 때문입니다.

　야고보 사도는 원망이나 맹세와 같은 부정적인 말을 하지 말고, 긍정의 언어인 기도와 찬송을 하라고 합니다. 기도는 하나님께서 자녀인 우리에게 주신 특권입니다. 야고보서 5장 13-20절에서는 '기도'가 일곱 번 언급됩니다. 오직 하나님의 자녀만이 하나님께 기도할 수 있습니다. 응답하시고 역사하시는 하나님에 대한 믿음 없이는 기도할 수 없기 때문입니다. 하나님은 우리를 긍휼히 여기고 사랑하시기 때문에 우리는 언제나, 어디서나, 어떤 상황에서도 하나님께 나아갈 수 있습니다. 고난의 때는 기도하고, 즐거울 때는 찬송하며 나아갈 수 있습니다.

행동하는 믿음의 사람은 고난과 어려움 속에서 기도합니다. 건강한 교회는 고난을 만난 성도와 세상을 위해 함께 기도하며 하나님께 문제를 가지고 나아갑니다. 기도를 들으시고 응답하시는 하나님을 믿기 때문입니다. 삶의 모든 상황 속에서 '하나님께 가지고 나아가 기도하는 것'이야말로 성숙한 그리스도인의 모습입니다. 우리가 어떻게 인내를 이룰 수 있습니까? 기도입니다. 스스로 인내할 수 없기 때문입니다. 성도인 우리는 고난 중에 인내하며 기도하고, 기도하며 인내할 줄 알아야 합니다.

우리는 고난을 헤쳐나갈 지혜를 구할 수 있습니다. "여러분 가운데 누구든지 지혜가 부족하거든 아낌없이 주시고 나무라지 않으시는 하나님께 구하십시오. 그러면 받을 것입니다"(약 1:5). 고난을 이겨낼 지혜는 하늘에서 옵니다. 지금 우리의 삶과 가정에 많은 어려움이 닥쳐오고 있습니다. 세상은 온갖 갈등과 문제와 고통에 빠져들고 있습니다. 전쟁과 폭력과 사고, 자연재해와 경제 침체가 깊어지고 있습니다. 하지만 고난을 이겨낼 지혜는 보이지 않습니다. 지금은 문제가 생기면 먼저 유튜브를 검색합니다. 인터넷에서 찾아봅니다. 온갖 정보와 지식은 넘쳐나지만, 지혜는 구하기 어렵습니다. 고난 중에 먼저 하나님을 구하십시오. 문제가 생기면 먼저 성경을 열고 하나님의 도우심과 지혜를 구하며 기도하십시오. 믿음의 친구들에게 기도를 부탁하고 기도 제목을 나누십시오. 우리는 기도하는 공동체로 성장해야 합니다.

기도는 역경과 아픔과 상처의 자리에 능력의 하나님을 초대하는 것입니다. 내 힘으로 할 수 없고, 내 지혜로 할 수 없고, 내 눈으로는 볼 수 없기에 하나님의 눈으로 보며, 하나님의 지혜로 풀며, 하나님의 능력으로 이겨나가는 것이 기도입니다.

고난 중에 기도할 때 하나님은 고난을 이겨낼 지혜를 주실 뿐만 아니라, 용기와 믿음과 인내의 힘도 주십니다. 성도가 기도할 때 고난과 역경은 성숙과 승리의 기회가 됩니다. 예수님은 고난의 십자가를 지시기 전에 겟세마네 동산에서 땀이 피가 되도록 기도하셨습니다. 그리고 마침내 우리를 구원할 십자가를 지심으로 죽음의 잔을 받으셨습니다. 그리고 부활로 승리하셨습니다.

고난 중의 기도는 우리 자신을 변화시킵니다. 교회를 변화시킵니다. 고난을 통해 하나님의 뜻이 드러납니다. 고난 중에 기도할 때 성도는 연단을 받아 믿음이 성장하고 깊어집니다. 고난에는 하나님의 뜻이 숨어 있습니다. 고난에는 하나님의 은혜가 숨어 있습니다. 고난은 위장된 복입니다. 그러므로 고난의 가치를 아는 성도는 고난 중에 더욱 기도합니다.

기도하는 사람에게 고난은 동굴이 아니라 터널입니다. 동굴은 절망입니다. 나갈 길이 없습니다. 그러나 터널은 아무리 긴 어둠이라 할지라도 그 끝에 빛이 있습니다. 승리가 있습니다. 소망이 있습니다. 영광이 있습니다. 변화와 성숙의 열매가 있습니다. 인내하며 기도하는 성도에게 고난은 터널일 뿐입니다. 기도하면 고난은 은혜와 복이 됩니다.

야고보 사도는 이어서 즐거운 사람은 찬송하라고 합니다. 인생에는 고난의 때가 있는가 하면 즐거울 때도 있습니다. 지금 인생의 즐거움이 있는 분은 찬송하십시오. 삶에서 언제나 찬양의 기회를 놓치지 마십시오. 고난 중에는 기도하다가도 고난을 벗어나면 하나님의 은혜와 사랑을 잊어버리는 사람들이 있습니다. 감사를 잊어버리는 사람들이 있습니다. 찬양은 창조주 하나님, 구원의 하나님을 높이고 경배하는 것입니다. 잘 되고 즐거울 때 교만하지 않으며, 하나님의 은혜임을 믿고 하나님께 감사하는 것입니다. 하나님을 찬양하는 데 전심을 다해야 합니다.

기도와 찬양을 함께 말한 것은 고난의 때나 즐거울 때나 기도와 찬양이 함께해야 하기 때문입니다. 기도와 찬양은 예배의 삶에서 가장 중요한 요소입니다. 우리는 예배드릴 때마다 기도하고 찬양해야 합니다. 역경 중의 찬양은 하나님의 기적을 경험하게 합니다. 즐거울 때 기도는 우리의 마음을 겸손하게 합니다. 바울과 실라는 빌리보의 감옥에

간혔을 때 기도하고 찬양했습니다. 찬양 소리와 함께 감옥 문은 열렸습니다(행 16:25-26).

지금 고난 가운데 있습니까? 인내하며 기도하기 바랍니다. 기도의 능력으로 고난을 변화와 성숙의 기회로 삼기 바랍니다. 하나님의 능력을 경험하기 바랍니다. 즐거운 일이 있습니까? 하나님을 찬양해야 합니다. 기도에 찬양을 더해야 합니다. 기도와 찬양으로 하나님께 나아갈 때 고난이 은혜와 복의 문이 됩니다.

병든 자를 위해

야고보 사도는 믿음의 공동체가 기도에 집중해야 할 또 다른 상황을 말합니다. "여러분 가운데 병든 사람이 있습니까? 그런 사람은 교회의 장로들을 부르십시오. 그리고 그 장로들은 주님의 이름으로 그에게 기름을 바르고, 그를 위하여 기도하여 주십시오"(14절). 성도는 병중에도 기도합니다. 의학이 발달한 지금도 질병은 우리가 겪는 가장 큰 어려움 가운데 하나입니다. 복음서를 보면 예수님의 복음 사역의 많은 부분이 치유 사역이었습니다. 질병은 초대 교회가 직면한 큰 문제였습니다.

야고보 사도는 병든 자에게 먼저 교회의 장로들을 청하라고 합니다. 장로는 당시 교회의 감독이나 목사로 영적 지도자들을 말합니다. 이상하지 않습니까? 아프면 당연히 의사에게 가야 합니다. 바울 사도의 선교 사역에는 의사였던 누가가 동행했습니다. 고질병이 있었던 바울에게는 의사의 진단과 도움이 절실히 필요했기 때문입니다.

교회의 지도자를 청하라고 한 것은, 성도의 질병에 대해 신앙 공동체가 함께 대응해야 함을 말합니다. 또한 신앙적으로 질병에 대해 어떤 마음과 태도를 보여야 하는지를 말한 것입니다. 교회의 지도자들은 기름을 바르며 병든 사람을 위해 기도하라고 합니다. 기름은 당시에 중요한 약품이었습니다. 선한 사마리아 사람의 이야기에서도 사마리아 사람은 강도 만난 사람의 상처에 기름과 포도주를 붓고 싸맨 후에 주막으로 데리고 갔습니다(눅 10장). 그런 점에서 교회 지도자들이 당시 문화 속에서 기름을 바르는 간단한 치료를 한 것으로 볼 수 있습니다. 그러나 중요한 것은 기도하는 것입니다.

병든 사람은 먼저 하나님을 찾아야 합니다. 하나님이 생명과 치료의 주인이시기 때문입니다. 의사는 진찰하고 치료하지만 낫게 하는 분은 하나님입니다. 의사는 꿰매지만 아물게 하는 분은 하나님입니다. 야고보 사도는 병든 사람이 의사와 의학적 도움과 치료받는 것을 금하는 것이 아닙니다. 초점은 아픈 사람에 대해 교회는 신앙적으로 대응해야 한다는 것입니다. 교회는 아픈 사람을 위해 기도하는 치유 공동체입니다. 의학적 치료와 함께 간절한 기도가 있어야 합니다. 야고보 사도는 말합니다. "믿음으로 간절히 드리는 기도는 병든 사람을 낫게 할 것이니, 주님께서 그를 일으켜 주실 것입니다"(15절). 우리는 아픈 사람을 위해 간절히 기도하는 공동체가 되어야 합니다.

그런데 사도는 아주 특별한 말을 합니다. 서로 죄를 고백하고, 서로를 위해 기도하라는 것입니다. "또 그가 죄를 지은 것이 있으면, 용서를 받을 것입니다. 여러분은 서로 죄를 고백하고, 서로를 위하여 기도하십시오. 그러면 여러분은 낫게 될 것입니다"(15-16절). 죄를 고백하라는 것은 죄 때문에 병이 생겼다는 뜻이 아닙니다. 물론 죄로 인해 병이 생길 수도 있지만, 이 말씀은 성도가 아픈 성도를 위해 치유의 기도를 할 때 그 과정에 서로 죄를 고백하는 기도가 필요하다는 뜻입니다. 병든 사람은 물론 기도하는 모든 사람이 하나님 앞에서 서로 죄를 고백함으로 죄 사함을 받은 의인의 기도가 되며, 의인의 간절한 기도에 하나님이 응답하신다는 것입니다. 서로 죄를 고하면 우리의 기도는 더욱 간절할 수밖에 없습니다. 이 당시 교회는 모두 가정 교회였습니다. 서로 죄를 고하고 기도하려면 소그룹에 속해야 합니다. 성도의 교제가 더 깊어져야 합니다. 자신의 몸과 마음과 영혼을 위해 꼭 소그룹에 속해야 합니다.

야고보는 간절한 기도의 본으로 엘리야를 소개합니다. "엘리야는 우리와 같은 본성을 가진 사람이었지만, 비가 오지 않도록 해 달라고 간절히 기도하니, 삼 년 육 개월 동안이나 땅에 비가 내리지 않았으며, 다시 기도하니, 하늘이 비를 내리고, 땅은 그 열매를 맺었습니다"(17-18절). 얼굴을 무릎 사이에 넣고 간절하게 기도한 엘리야는 말씀을 붙잡고 끝까지 인내하며 믿음으로 기도해서 하늘의 문을 닫기도 하고, 열기도 한 능력의 기도자였습니다. 엘리야가 기도할 때 비가 내려 땅을 치유하고 회복하는 역사가 일어났습니다. 엘리야는 우리와 똑같은 사람이었습니다. 그러니 우리도 엘리야처럼 기도하면 놀라운 역사가 나타납니다. 하나님은 믿음의 기도를 통해 질병을 고치십니다. 하나님은 인내하며 간절히 기도할 때 치유하시고 역사하십니다. 우리는 하나님의 긍휼하심과 능력을 신뢰하며 아픈 형제자매를 위해 간절히 기도하는 교회가 되어야 합니다. "의인이 간절히 비는 기도는 큰 효력을 냅니다"(16절).

진리를 떠난 자를 위해

야고보 사도는 다른 서신과는 다르게 축복의 기도나 인사와 같은 형식이나 내용 없이 마지막 권고로 편지를 마무리합니다. "나의 형제자매 여러분, 여러분 가운데서 진리를 떠나 그릇된 길을 가는 사람이 있을 때에, 누구든지 그를 돌아서게 하는 사람은 이 사실을 알아두십시오. 죄인을 그릇된 길에서 돌아서게 하는 사람은 그 죄인의 영혼을 죽음에서 구할 것이고, 또 많은 죄를 덮어줄 것입니다"(19-20절). '그릇된 길'을 간다는 것은 바른길을 놓쳐 헤매고 있다는 뜻입니다. 당시에는 예수 그리스도의 복음을 받아들였던 성도 중에 유대교로 돌아가거나, 신비주의적인 종교와 이단적인 가르침에 빠진 자들이 있었습니다. 야고보 사도는 교회는 헤매는 자들을 반드시 건져내야 한다는 것을 강조하면서 편지를 마무리합니다. 우리는 헛된 길에서 헤매는 자들을 돌아서게 해야 합니다. 방황하는 영혼을 구원하고 돌이키게 하는 것은 교회의 사명입니다. 영혼을 멸망에서 구원하는 것보다 중요한 것은 없습니다. 이것은 예수님이 주신 우리의 사명입니다.

이 시대에도 많은 사람이 진리의 길을 떠나 헛된 길에 빠져 있습니다. 온갖 이단과 사이비에 영혼을 빼앗기고 있습니다. 우리는 낙심한 자들의 손을 잡아 돌이키고 진리의 길로 돌아오도록 사랑으로 권면해야 합니다. 그러기 위해 중요한 것은 역시 기도입니다. 우리는 영혼의 회복과 구원을 위해 쉬지 말고 기도해야 합니다. 진리를 떠난 자들을 위해 기도해야 합니다. 우리가 고난 가운데 있는 자를 위해 기도하고, 질병으로 고통받는 지체를 위해 기도해야 하듯이, 진리를 떠나 방황하고 헤매는 사람들, 영적 고통을 당하는 자들을 위해 기도하는 것은 당연한 일입니다.

우리는 건강한 공동체입니까? 생명과 구원의 공동체입니까? 기도하는 공동체입니까? 우리는 생명의 말씀과 진리 위에 굳게 서기를 힘써야 합니다. 생명력이 충만한 믿음의 공동체는 기도를 통해 신앙이 회복되고, 몸과 영혼의 상처가 치유되며 진리를 떠났던 자들이 돌아오는 역사가 일어납니다. 어떤 위기와 고난 중에도 성령님의 역사와 인도하심을 따르는 은혜의 삶을 멈추지 맙시다. 말씀과 기도와 예배와 사랑의 교제를 멈추지 맙시다. 지금 마음에 떠오르는 사람이 있지 않습니까? 기도해야 할 사람이 있지 않습니까? 우리의 기도가 멈추지 않는다면 놀라운 영혼 구원과 믿음 회복의 역사가 일어날 것입니다.

행동하는 신앙인이 가득한 교회가 됩시다. 기도의 불꽃이 활활 타오르는 교회가 됩시다. 영혼을 구원하며 질병을 치유하는 교회가 됩시다. 고통 속에 신음하는 세상을 품고 기도합시다. 기도는 누가 잘합니까? 기도하는 사람입니다. 어떤 교회가 기도를 잘합니까? 기도하는 교회입니다.

우리는 기도하는 공동체가 되어 사명을 이루어 갑시다. 하나님을 기쁘시게, 사람을 복되게, 세상을 평화롭게 하는 복된 교회, 복된 성도가 됩시다.